長澤成次 著

公民館はだれのもの

住民の学びを通して自治を築く公共空間

自治体研究社

はじめに

「これからの日本に最も大切なことは、すべての国民が豊かな文化的教養を身につけ、他人に頼らず自主的に物を考え平和的協力的に行動する習性を養うことである。そして之を基礎として、盛んに平和的産業を興し、新しい民主日本に生れ変ることである。その為には教育の普及を何よりも必要とする。……公民館は全国の各町村に設置せられ、此処に常時に町村民が打ち集って談論し読書し、生活上産業上の指導を受けお互いの交友を深める場所である。それは謂はば郷土における公民学校、図書館、博物館、公会堂、町村集会所、産業指導所などの機能を兼ねた文化教養の機関である。それは亦青年団婦人会などの町村における文化団体の本部ともなり、各団体が相提携して町村振興の底力を生み出す場所でもある。この施設は上からの命令で設置されるのではなく、真に町村民の自主的な要望と協力によって設置せられ、又町村自身の創意と財力によって維持せられていくことが理想である」「公民館の設置運営について」（傍点筆者。昭和二十一年七月五日発社一二二号文部次官ヨリ各地方長官宛　出典『終戦教育事務処理提要第三集』文部大臣官房文書課、昭和二十四年三月）より。

敗戦の翌年に発出された文部次官通牒から今年でちょうど七〇年を迎える。アジアと日本に甚大な被害を与えた侵略戦争を深く反省し平和的で民主的な日本をめざし、郷土再建の拠点として構想された公民館は、この七〇年間、幾多の困難を乗り越えて日本の地域社会に根づいてきた。しかし、この間の文部科学省の統計が示しているように、一九九九年に一万九〇六三館あった公民館は、二〇一一年には一万五三九九館にまで減少してきている。それらの要因については、「平成の大合併」や東日本大震災の影響、公民館の首長部局移管に伴う生涯学習センター、コミュニティセンター、地域交流センターなどへの改編、自治体行財政改革による公民館の廃止、指定管理者制度の導入、公共施設再生計画いわゆるファシリティマネジメントによる公民館の廃止・統廃合などが挙げられよう。

こうした公民館をめぐる厳しい状況の背景に国の政策も見逃せない。安倍内閣はいわゆる「骨太の方針」である「経済財政運営と改革の基本方針二〇一五について」(二〇一五年六月三〇日、閣議決定)において「公的サービスの産業化」として「民間の知恵・資金等を有効活用し、公共サービスの効率化、質の向上を実現するとともに企業やＮＰＯ等が国、地方自治体等と連携しつつ公的サービスへの参画を飛躍的に進める」とし、さらに「一方、公共施設の管理・運営については、人口減少・高齢化を反映して、生産性・効率性の高いまちづくりを目指し、生活密着型施設の統廃合やネットワーク化を進める等、必要な機能を維持しつつストック量を適正化していく。また、老朽化した施設・設備の適切な維持管理・更新によってその費用の増加をできる限り抑制するとともに、ファシリティマネジメントを通じ公共サービスの産業化をすすめる」として、自治体「公共施設等総合管理計画」の策定などを通じて「公共サービスの産業化」をいっそう推し進めようとしている。

二〇一四年の地方教育行政法「改正」では（施行は二〇一五年四月）、首長の教育行政への関与が強化され、首長が設置する「総合教育会議」によって首長部局移管・指定管理者制度導入の動きがさらに加速させられよう。また、二〇一五年一二月の中央教育審議会答申「新しい時代の教育や地方創生の実現に向けた学校と地域の連携・協働の在り方と今後の推進方策について」「チームとしての学校の在り方と今後の改善方策について」「これからの学校教育を担う教員の資質能力の向上について～学び合い、高め合う教員養成コミュニティの構築に向けて～」を受けて馳浩文部科学大臣から馳プラン（二〇一六年一月）が出され、「地域とともにある学校への転換」「学校を核とした地域づくりの推進」のもと、地域学校協働をキーワードに「社会教育法改正」「社会教育主事講習等規程の見直し」が行程表に組み込まれている。日露戦争後、学校を中心に自治民を育成する「学校中心自治民育」の考えが生まれるが、二〇一四年六月に起きたさいたま市『三橋公民館だより』への九条俳句不掲載事件（本書第7章）と重ねて考えると、あらためて社会教育における自由と自治の概念を学校教育と社会教育を貫いて計画化する視点が求められている。

さて、公民館はいったい誰のものなのか。いうまでもなく主権者である住民ひとりひとりのものである。公民館は、住民の主体的な学びを通して地域に自治をつくる拠点施設なのである。ところが、その公民館の首長部局移管あるいは指定管理者制度導入をめぐっては、たとえば首長部局主導のもとで住民の意思は軽視され、いわんや当該職場で働く公民館職員の参加が保障されない状況も見られる。本書は、全国各地で起きている公民館再編の動きと社会教育における自由と自治をめぐる危機的状況について、この間、筆者が書いてきたものに大幅な加筆・訂正を加えて再構成したものである。第1章・第2章では、あらためて教育における自由と住民自治を重要な理念として出発した戦後教育委員会制度と公民館との関係をその後の法改正動向に触れつつとりあげ、第3章から第10章までは、公民館をめぐる諸課題を提示し、第11章では「住民主体の自治体社会教育計画づくりの展望」をとりあげた。筆者の思いは、今日、さまざまな困難を抱える地域社会にあって、主権者である住民が公民館職員や関係者との協同のもとで学びをすすめ、まちづくりと地域社会教育計画づくりの主体として不断に自己を形成していくプロセスにこそ「学びを通して自治を築く」核心があるのではないか、という点にある。残された課題も多いが、大方のご意見・ご批判をいただけたら幸いである。

最後に出版事情厳しき折、刊行をお引き受けいただいた自治体研究社に対して心より感謝を申し上げる次第である。

二〇一六年八月九日

長澤成次

第1章 公民館にとって教育委員会制度とは何か

――二〇〇七年地方教育行政法「改正」に焦点をあてて

はじめに

基本的人権としての教育を受ける権利は、社会教育も含めて憲法的権利として憲法第二六条に規定され、その後の教育基本法（一九四七年）、社会教育法（一九四九年）、図書館法（一九五〇年）、博物館法（一九五一年）等を経て、社会教育の自由と自治を根幹とする「権利としての社会教育」の法制度と実践が蓄積されてきた。そのプロセスは矛盾に満ちたものとはいえ、二〇〇六年一二月に成立した教育基本法においても、第一二条に社会教育条項が位置づけられ、国及び地方公共団体の社会教育を奨励する公的責務が明記されている。

ところが、地域住民の学習権を保障すべき自治体社会教育行政は、たとえば、社会教育施設への指定管理者制度の導入に示されるように、政府の構造改革路線のもとで、人権としての社会教育が市場原理に委ねられ、格差社会の悪循環を断ち切る営みであるはずの教育・学習の営みが、かえって格差社会を拡大再生産するかのような自己矛盾に陥っている。

社会教育予算や職員の削減、有料化による受益者負担の強化、指定管理者制度の導入など、外部委託（アウトソーシング）に対する首長部局の教育委員会に対する執拗な圧力などによって、自治体社会教育行政は、縮小・再編・廃止を余儀なくされ、呻吟しているのが実態である。なかでも、今日の焦点的課題となっているのが、社会教育施設や社会教育行政の首長部局移管をめぐる問題である。

教育行政と一般行政との関係をめぐる問題は、歴史的には一九四八年に地方教育委員会制度が誕生したときから始まっており、一九五六年の公選制教育委員会から任命制教育委員会へと転換した時点で教育行政の独立性は転換点を迎えたと言ってよい。社会教育の分野においては、七〇年代以降のコミュニティ行政とそのシンボル的存在であったコミュニティセンターの登場から、公民館との関係が問われはじめ、今日においては、国がすすめる地方分権・規制緩和・行財政改革政策のもとで、地域・自治体の状況を反映しつつ、社会教育行政、あるいは公民館の一般行政への移管がすすみつつある。

そのひとつの法的表現が、安倍晋三内閣のもとに設置された教育再生会議の第一次報告（二〇〇七年一月二四日）、あるいは二〇〇六年教育基本法の具体化として、急遽法制化された教育改革関連三法である。(1) なかでも「地方教育行政の組織及び運営に関する法律の一部を改正する法律」（二〇〇七年六月二〇日成立、六月二七日公布、二〇〇八年四月一日施行。以下地方教育行政法と略す）は、後述するように、文化・スポーツ事業を首長部局で管理・執行できるようにしたもので、実態追認型の法改正とはいえ、スポーツ・文化を含む社会教育を教育委員会の事務として規定している現行社会教育法制と教育委員会制度の根幹を揺るがすものといえよう。二〇〇六年教育基本法をうけて二〇〇八年に社会教育法が改正されたが、社会教育行政のみならず、教育委員会制度そのものが問われていることも今日的特徴であって、地方制度調査会「地方の自主性・自律性の拡大及び地方議会のあり方に関する答申について」(二〇〇五年一二月九日)が教育委員会・農業委員会の選択性を主張し、全国市長会(2)などは繰り返し、教育委員会設置の選択性を主張している。

このような状況のもと、ここでは、戦後の教育委員会制度の意義を確認しつつ、今回の法改正をめぐる問題点を指摘するとともに、あらためて、社会教育にとっての教育委員会制度の意義と可能性を論じてみたい。

1　戦後公選制教育委員会制度発足の意義

教育委員会制度が旧教育委員会法によって発足したのは今から六八年前の一九四八年である。一九四七年教育基本法第一〇条の「教育行政」の理念を直接うけて発足した教育委員会制度は、旧教育委員会法第一条によれば、「この法律は、教育が不当な支配に服することなく、国民全体に対し直接に責任を負って行われるべきであるという自覚のもとに、公正な民意により、地方の実情に即した教育行政を行うために、教育委員会を設け、教育本来の目的を達成することを目的とする」と規定されていた。

教育委員会制度とは、戦前のような国家行政組織に組み込まれ、天皇制イデオロギーを国民に注入する行政装置ではなく、一般行政から独立して教育の自主性を確保し、国民に対する直接責任制を担保しかつ公正な民意を反映させるために、全体として教育行政の地方分権を実現するという戦後教育改革を支える重要かつ画期的な教育システムであった。

具体的には、教育委員の選任にあたっては、当該自治体の議会から選出される一人をのぞき「日本国民たる都道府県又は市町村の住民が、これを選挙する」（第七条）として、公選制教育委員が導入され、一九四八年一一月一日には義務設置の都道府県と五大市（横浜、名古屋、京都、大阪、神戸）に、任意設置であった市町村においては一九五二年一一月一日までに全面的に設置された。旧教育委員会法によれば、教育長は任用資格としての「教育職員の免許状を有する者」（第四一条）を教育委員会が任命することとされて、地方教育行政におけるプロフェッショナルリーダーシップ（professional leadership）と地域住民によるレイマンコントロール（layman control）がめざされた。また、教育委員会の議会に対する予算編成権（第五六条）が規定された。

その後、公選制教育委員会制度は、当時の文部省初等中等教育局長・緒方信一の言葉を借りれば、「この法律は、戦後のわが国の教育行政制度の改革が、教育の振興を地方自治の本旨に則り、各地方公共団体の熱意に期待せんとした点においてその意図は正しいものであったと信ずるが、理念に走りすぎてわが国の実情に即応することに遺憾な点のあったことにかんがみ、その弊を改め、教育の政治的中立と教育行政の安定を確保、教育行政と一般行政との調和並びに国及び地方公共団体の間に有機的な連繋のある教育行政制度の確立を進めるために制定されたものである」[3]とされ、一九五六年に地方教育行政法が警察官を導入して国会で強行採決され、公選制教育委員会制度は、わずか数年で終焉を余儀なくされたのである。[4]

地方教育行政法によって、教育委員会の予算提案権が剥奪され、教育長の任用資格を廃止したことによって教育行政の一般行政からの独立性・専門性が弱められ、また、教育委員の任命制と事務局の肥大化などによって教育委員会制度は形骸化する要因を内包しつつ今日にいたったと言ってよいだろう。もちろん、そのような問題を抱える教育委員会制度を単純に否定するのではなく、長期的には公選制教育委員会制度を展望しつつも、戦後教育行政改革の理念であった「教育行政の民主化」「教育行政の地方分権化」「教育行政の独立化」を体現している合議制の独立した行政委員会としての教育委員会制度の可能性を追求する諸努力が地域・自治体に求められている。[5]

2　社会教育行政の一般行政化と教育行政の広域化・集権化をすすめた二〇〇七年地方教育行政法改正

第一六六回国会に提出された法案の提案理由は、「地方教育行政について、その自主的かつ主体的な運営を推進するとともに、緊急の必要がある場合等における国の関与の手続を整備するため、地方公共団体の長が、スポーツ又は文化に関する事務を管理し、及び執行することができることとするとともに、県費負担教職員の転任について、市町村教育委員会の内申に基づいて行うこととし、併せて教育委員会の事務処理が法令に違反する等の場合において、児童等の生命又は身体を保護するため緊急の必要があるときは、文部科学大臣がその是正等を指示することができることとする等の必要がある。これが、この法律案を提出する理由である」とされた。また、地方教育行政法改正案の概要は文部科学省によれば、次の五点である。なお条番号は、二〇〇七年法改正時であることに留意されたい。

（1）教育委員会の責任体制の明確化　○地方教育行政の基本理念を明記する。○合議制の教育委員会は、①基本的な方針の策定、②教育委員会規則の制定・改廃、③教育機関の設置・廃止、④職員の人事、⑤活動の点検・評価、⑥予算等に関する意見の申し出については自ら管理執行することを規定する。○教育委員会は学識経験者の知見を活用し、活動状況の点検・評価を行うこととする。

（2）教育委員会の体制の充実　○市町村は近隣の市町村と協力して教育委員会の共同設置等の連携を進め教育行政の体制の整備・充実に努めることとする。○市町村教育委員会は指導主事を置くように努めることとする。○教育委員の責務を明確化し、国・都道府県が教育委員の研修等を進めることとする。

（3）教育における地方分権の推進　○教育委員の数を弾力化し、教育委員への保護者の選任を義務化する。○文化・スポーツの事務を首長が担当できるようにする。○県費負担教職員の同一市町村内の転任については、市町村教育委員会の内申に基づき、都道府県教育委員会が行うこととする。

（4）教育における国の責任の果たし方　○教育委員会の法令違反や怠りによって、緊急に生徒等の生命・身体を保護する必要が生じ、他の措置によってはその是正を図ることが困難な場合、文部科学大臣は是正・改善の「指示」ができる旨の規定を設ける。○教育委員会の法令違反や怠りによって、生徒等の教育を受ける権利が侵害されていることが明らかである場合、文部科学大臣は、講ずべき措置の内容を示して、地方自治法の「是正の要求」を行う旨の規定を設ける。○上記の「指示」や「是正の要求」を行った場合、文部科学大臣は、当該地方公共団体の長及び議会に対してその旨を通知する。

（5）私立学校に関する教育行政　○知事は、私立学校に関する事務について、必要と認めるときは、教育委員会に対し、学校教育に関する専門的事項について助言・援助を求めることができる旨の規定を設ける。

それぞれの項目が多くの論点を含んでいるが、ここでは社会教育に関連する項目に絞って問題点を指摘してみたい。まず、第一に、二〇〇七年の改正が社会教育行政の一般行政への移管をいっそう進める契機になるという点である。

新設された第二四条の二（職務権限の特例）では、「前二条の規定にかかわらず、地方公共団体は、前条各号に掲げるもののほか、条例の定めるところにより、当該地方公共団体の長が、次の各号に掲げる教育に関する事務のいずれか又はすべてを管理し、及び執行することとすることができる。一 スポーツに関すること（学校における体育に関することを除く）。二 文化に関すること（文化財の保護に関することを除く）。2 地方公共団体の議会は、前項の条例の制定又は改廃の議決をする前に、当該地方公共団体の教育委員会の意見を聴かなければならない」とされた。

二〇〇七年の改正は、国の「地方分権」「規制緩和」路線を背景に、中央教育審議会答申「新しい時代の義務教育を創造する」（二〇〇五年一〇月二六日）において「……教育委員会の所掌事務のうち文化（文化財保護を除く）、スポーツ、生涯学習支援に関する事務（学校教育・社会教育に関するものを除く）は地方自治体の判断により、首長が担当することを選択できるようにすることが適当である」をうけたものである。首長部局が管理・執行できる分野がスポーツ・文化の事務に限定されていることをもって、それ以外は教育委員会の事務であるということが明確にされたと評価する向きもあるが、実態としてはスポーツ・文化の分野が先行しつつ社会教育分野全体に及びつつあるというのが実態である。

たとえば、公民館条例を廃止して首長部局へ移管する事例（北九州市・大阪府枚方市など）や公民館条例を残したまま地方自治法第一八〇条の七（権限事務の委任・補助執行・調査の委託）[6]に基づいて補助執行される事例（埼玉県鶴ヶ島市は、その後公民館は廃止されて市民センターに改編された）[7]などが相次いでいるのである。

である。

第二は、第三二条のただし書きによって首長部局所管の「教育機関」という法概念が登場したことすなわち、第二四条の二が新設されたことによって第三二条（教育機関の所管）「学校その他の教育機関のうち、大学は地方公共団体の長が、その他のものは教育委員会が所管する」に「但し書き」が加えられ、「ただし、第二十四条の二第一項の条例の定めるところにより地方公共団体の長が管理し、及び執行することとされた事務のみに係る教育機関は、地方公共団体の長が所管する」とされた。

地方教育行政法第三〇条（教育機関の設置）は、周知のように「学校、図書館、博物館、公民館その他の教育機関」という規定を持ち、図書館、博物館、公民館を教育機関として法定している。教育機関であるがゆえに、第三一条（教育機関の職員）、第三二条（教育機関の所管）、第三四条（教育機関の職員の任命）、第三五条（職員の身分取扱）、第三七条（所属職員の進退に関する意見の申出）が適用されるのであって、このようなただし書きは教育機関の概念を曖昧にしていく可能性がある。

第三は、教育委員会のいっそうの広域化がめざされていることである。第五五条の二（市町村の教育行政の体制の整備及び充実）が新設され「市町村は、近隣の市町村と協力して地域における教育の振興を図るため、地方自治法第二五二条の七第一項の規定による教育委員会の共同設置その他の連携を進め、地域における教育行政の体制の整備及び充実に努めるものとする」とされた。すでに「平成の大合併」によって三二三二自治体（一九九九年三月三一日）が一七一八自治体（二〇一四年四月）にまで減少し、一五〇〇を超える教育委員会が消滅し、教育委員会の広域化は実態としてすすみつつある。教育委員会の広域設置は、社会教育を含む教育における住民自治を後退させることになろう。

そして第四は、この間のいじめ事件などに対する教育委員会の「不適切」な対応などを背景に、第四九条（是正の要求の方式）で文部科学大臣の地方自治法にもとづく是正要求の方式を定め、第五〇条（文部科学大臣の指示）で、文部科学大臣の地方教育委員会への是正・指示を定めたものである。このような中央集権的な法改正については、地方六団体は「平成一二年に施行された地方分権一括法による改正前の教育行政に後戻りさせかねないものであり、受け入れられるものでない」(8)と繰り返し反対を表明している。

3　社会教育にとっての教育委員会制度の意義と可能性

今日の教育改革は、市場原理と競争原理最優先の新自由主義的改革と根強い新保守主義的改革が錯綜するなかですすめられている。その中で、現実の教育委員会制度はさまざまな矛盾を抱えており、解決の糸口を見いだすことは容易ではない。社会教育・生涯学習振興行政の一般行政への移管ないし包摂がすすむ中、教育委員会制度そのものが学校教育委員会化しつつあるともいえよう。しかし、教育委員会制度は、公選制から任命制に変わったとはいえ、前述したように一般行政から独立した合議制の行政委員会という基本的な性格は変わってはいない。また、社会教育の自由、換言すれば人々の学びの自由を担保するうえで教育委員会制度は大きな可能性を有している。なぜならば、社会教育が教育行政のもとにあることによって、常に、憲法・教育基本法・社会教育法制のもとで社会教育と社会教育行政を自ら照射し、再確認することができるからである。

人々の暮らしと地域にねざす社会教育のめざすところは、住民の学習を媒介に、一般行政との連携や地域住民自治組織をつなげていくネットワークの核となることによって、住民の自治能力を高めていくことである。地域づくりを担う住民の自己形成と主体的力量形成を保障するのは、実に社会教育の営みであって、それはまた、地域と自治体教育行政の自由な空気のもとでこそ、花開くといえるのである。

注

（1）教育改革三法の問題点については、三上昭彦「教育改革関連三法―制定の経緯と問題点」『季刊教育法』一五四号、二〇〇七年九月　エイデル研究所を参照。

（2）たとえば全国市長会・教育における地方分権の推進に関する研究会『教育における地方分権の推進に関する提案―地域の教育力を高めるために』二〇〇七年三月を参照。

（3）木田宏著『新訂　逐条解説　地方教育行政の組織及び運営に関する法律』（第一法規、一九九九年）より。

（4）沖縄では、一九五八年から一九七二年の復帰まで教育委員の公選制が実施されていた。また、東京都中野区では、一九七九年から区民投票による教育委員の準公選制が始まり、区民の推薦を受けた立候補者に区民が投票し、その結果を参考に区長が教育委員を任命した。一九九三年に廃止されるまで四回にわたって実施された。

（5）その自治的努力を私たちは、埼玉県鶴ヶ島の教育改革にみることができる。『さいたまの教育と文化』四一号、特集「鶴ヶ島の教育改革　市民の参加・学習・協働」二〇〇六年九月五日、さいたま教育文化研究所を参照。

（6）室井敬司「第三節　委員会及び委員　第一款」（『基本法コンメンタール地方自治法』第三版、日本評論社、二〇〇一年四月）によれば、「……行政委員会等の事務は、住民参加的機構、専門技術的公正・公平な行政機構、……であって、本来、長を頂点とする行政機構になじまないものと考えられるからである。その意味では、安易な委任・補助執行は認められないと解される」と解釈している。

（7）鶴ヶ島市については上田幸夫「首長の権限強化による社会教育の包摂と学習の自由─鶴ヶ島市の公民館廃止を手がかりに」『月刊社会教育』二〇一五年二月号、国土社を参照のこと。

（8）地方六団体（全国知事会会長・全国都道府県議会議長会会長・全国市長会会長・全国市議会議長会会長・全国町村会会長・全国町村議会議長会会長）「教育委員会への国の関与の強化案に対する反論」二〇〇七年二月二七日を参照。

第2章　二〇一四年地方教育行政法「改正」と公民館再編

「……この点、教育に関する事務の中で首長から独立して執行する必要があるものとは、特に教育の政治的中立性や、継続性・安定性の確保が求められるものであり、教育内容、教科書採択や教職員の人事など公立学校教育に関する事務は、当然に教育行政部局が担当すべきものとして、存置すべきである。また、社会教育についても、公民館、図書館等の社会教育施設で行われる各種事業は、学校における教育活動と同様に人格形成に直接影響を与えるものであり、対象が成人であったとしても、その内容には政治的中立性の確保が必要であり、教育行政部局が担当するものとして存置すべきである」（中央教育審議会「今後の地方教育行政の在り方について（答申）」二〇一三年一二月一三日より）。

はじめに

第二次安倍内閣の教育再生実行会議においてまとめられた「教育委員会制度等の在り方について（第二次提言）」（二〇一三年四月一五日）を「具体化」するための作業を行っていた中央教育審議会は

「今後の地方教育行政の在り方について（答申）」（二〇一三年一二月一三日、以下「答申」と略す）をまとめ、下村博文文部科学大臣に提出した。周知のように「答申」は教育委員会制度改革をめぐって両論併記をとっており、意見をまとめることはできなかった。冒頭の文章はそのような文脈で書かれているものであって、首長の関与を強化する方向とは明らかに矛盾するが、「答申」においてこのような意見が明記されたこと自体は注目に値する。

今回の教育委員会制度改革は、いじめ事件をきっかけとして公立学校等を管理する教育委員会制度の「責任の所在の不明確さ」（「答申」の「はじめに」より）を解決するためと論じられ、社会教育が後景に追いやられている感が強いが、実は首長部局の関与が強化されることによって社会教育行政の一般行政への包摂・従属がいっそうすすむことは間違いない。子どもの学びを深部で支える大人の学びが危うくされる状況にあるのである。[1]

ここでは、今次「答申」はもとより、二〇一四年二月一八日にまとめられた自民党案、さらに中央教育審議会生涯学習分科会「社会教育推進体制の在り方に関するワーキンググループにおける審議のまとめ」（二〇一三年九月二五日）の議論にも言及しつつ、あらためて教育委員会制度改革における社会教育の位置を確かめてみようというのが目的である。

1　中教審答申と自民党教育委員会制度改革案

戦後出発した公選制教育委員会制度は、日本国憲法と教育基本法（一九四七年）、とりわけ教育基本法第一〇条（教育行政）の「教育は、不当な支配に服することなく、国民全体に対し直接に責任を負って行われるべきものである。②教育行政は、この自覚のもとに、教育の目的を遂行するに必要な諸条件の整備確立を目標として行われなくてはならない」を受けて発足した。事実、一九四八年の教育委員会法第一条（この法律の目的）は「この法律は、教育が不当な支配に服することなく、国民全体に対し直接に責任を負って行われるべきであるという自覚のもとに、公正な民意により、地方の実情に即した教育行政を行うために、教育委員会を設け、教育本来の目的を達成することを目的とする」とされていたのである。

市町村まで教育委員会制度が設置されるのは一九五二年まで待たねばならないが、その四年後の一九五六年に「教育の政治的中立と教育行政の安定を確保し、教育行政と一般行政との調和を進め、教育行政における国、都道府県、市町村の連係を密にすることを主眼[2]」として地方教育行政法が強行成立させられ、公選制教育委員会制度は十分に発展させられることなく、任命制教育委員会制度に移行した。「教育の政治的中立」の名のもとに首長が議会の同意を得て教育委員を任命するというシステムが導入されたことは記憶にとどめておくべきであろう。さらに任命制教育委員会制度を通して「教育行政と一般行政との調和」は矛盾を持ちつつも六〇年近くすすめられてきており、今回の教育委員会制度改革が強行されるならば教育行政の一般行政への包摂・従属は新たな段階に入っていくことが予想されよう。

「答申」における教育委員会制度改革については、その内容すべてに言及することはできないが、「首長と教育長の関係」では「首長の任命責任を明確にするため、首長が教育長を直接任命することとする。また、教育長の資格要件を明確化するとともに、教育長の資質能力や適格性を担保するため、議会の同意を得ることとすることが適当である」とされ、また、「新しい制度の方向性」では「地方公共団体に、公立学校の管理等の教育に関する事務執行の責任者として、教育長を置く。教育長は、首長が定める大綱的な方針に基づいて、その権限に属する事務を執行する。首長が大綱的な方針を定める際には、その附属機関として設置する教育委員会の議を経るものとする」としている。一方、前述したように「首長の影響力が強くなり過ぎるおそれがあるとの立場」からは「教育委員会を執行機関として存続させるとともに、教育長を、引き続き、その補助機関とする。教育長は、公立学校の管理等の教育に関する事務を執行することとし、その権限を法律で定める」との「別案」も掲載されている。

なお、新聞報道等によれば、自民党教育委員会制度改革に関する小委員会（二〇一四年二月一八日）は、「答申」の内容を超えた「案」をまとめており、首長が任命・罷免する任期二年の教育委員長と教育長を兼務する新教育長（仮称）をおき、また首長が主宰する「総合教育施策会議」（議長、教育長、教育委員、有識者で構成）に基づいて決定した「大綱的方針」（教育条件、人事方針など）を教育委員会が執行するという見直し案をまとめたとされている。さらに文部科学大臣の教育委員会に対する「是正要求・指示」の要件緩和や、いじめ問題などでの首長の教育委員会に対する是正措置要求など自治体の長の関与をより強めた案をまとめている。

2　教育委員会制度と「政治的中立性」をめぐって

今次「答申」全体を一読すればわかるとおり、教育委員会制度の存在意義に関わって「教育の政治的中立性、継続性・安定性」への言及は多い。しかし、任命制教育委員会制度が「教育の政治的中立」の名のもとに導入された歴史的事実と、私たちが日常的に接している教育現実は「政治性」が常にまとわりついており、その意味では「政治的中立性」はあきらかに幻想である。にもかかわらず筆者が冒頭で引用したように「政治的中立性」にこだわるのは、一般行政から独立した行政委員会である教育委員会制度をより実質化していくうえで「政治的中立性」が一定の有効性をもっているからと考えているからにほかならない。

玉ねぎの皮が一枚一枚むかれるように社会教育行政が一般行政に移管される状況を根拠づける議論のひとつに全国市長会の意見がある。そこでは「……生涯学習など学校教育以外の分野については縦割り型ではなく、多方面からの総合的な対応が望ましいこと、このような分野については、教育の政治的中立性確保といった理由から特に教育委員会の所管とすべき強い事情があるとも考えられないことなどから、市町村長の所管とすることが適当である……」（「学校教育と地域社会の連携強化に関する意見―分権型教育の推進と教育委員会の役割の見直し―」二〇〇一年）と指摘されている。さらに中央教育審議会生涯学習分科会ワーキンググループ「審議の整理」においても「○……ただし、社会教育は主に成人及び青少年を対象に、本人の自主性や主体性の尊重を前提として、多種多様な内容で行われるものであるため、学校教育に比べると政治的中立性に留意する必要性は薄く、社会教育に関する事務については必ずしも教育委員会で執行されなければならないとは言い切れないのではないかとの意見もある」と指摘されている。

しかし、社会教育において「政治的中立性」に留意する必要性は本当に薄いのだろうか。筆者は事柄の本質は全く逆であると考えている。むしろ、社会教育においてこそ「政治的中立性」が重視され、その制度的保障である一般行政から独立した教育委員会制度が必要である。同「審議の整理」で出された別の意見では「○地方教育行政の在り方の方向性については、今後、中央教育審議会教育制度分科会での結論を待つ必要があるが、教育委員会制度がどのような形になったとしても社会教育行政を展開していく上では、教育委員会制度の趣旨とされている　①教育の政治的中立性の確保、②継続性・安定性の確保、③地域住民の意向の反映といった教育の特性への配慮については、学校教育と比べるとその度合いに強弱はあるとしても、引き続き担保する仕組みを構築する必要がある。なお、その際、社会教育とも密接な関係がある地域の課題解決にかかわる住民の活動においては、行政も含めた関係者間での意見や考え方が異なることがしばしば見られる点にも留意する必要がある」と記述されているのである。

3　首長部局の教育委員会への権限を強化した二〇一四年地方教育行政法改正

このような経過等をふまえて二〇一四年に改正地方教育行政法が成立した。教育委員会制度は、公選制を定めた旧教育委員会法（一九四八年）が地方教育行政法（一九五六年）によって任命制に改悪されて以降、二〇一五年四月一日からは、教育委員会を代表する教育委員長は廃止されて新教育長は教育委員会の代表と教育委員会事務局のトップを兼ね、また、これまで教育委員会が任命していた教育長を首長が任命し、さらに地方公共団体の長と教育委員会によって構成され首長が設置する総合教育会議での協議を経て、首長が「教育大綱」を定めるというシステムが導入された。

このシステムが社会教育施設再編にとって及ぼす重要な点は、首長と教育委員会から構成される総合教育会議での「協議」と「事務の調整」（第一条の四）である。とりわけ「調整」できた事務は首長と教育委員会双方が「その結果を尊重」する法的責務が生まれ、これまで以上に首長部局の意向が教育行政に反映される仕組みがつくられることになった。さらに、地教行法改正と同時に改正された社会教育法第一七条「社会教育委員は、社会教育に関し教育長を経て教育委員会に助言するため、左の職務を行う」から「教育長を経て」が削除され、第二八条「市町村の設置する公民館の館長、主事その他必要な職員は、教育長の推薦により、当該市町村の教育委員会が任命する」から「教育長の推薦により」が削除されている。

しかし、私たちは、この改正によっても一般行政から独立した行政委員会としての教育委員会制度という根幹は変更されていないこと、国会審議においては「旧教育委員会法の提案理由説明に挙げられた三つの根本方針ですが、まず、原則として各地方公共団体が地方教育行政を行うという教育行政の地方分権の考え方……この地方分権の考え方は、現行制度あるいは改正案においても基本的に変わらないと考えております。……この首長からの独立性ということにつきましては基本的に変わらないと考えております。……この住民意思の反映という理念につきましても、基本的には、現行制度あるいは改正案におきましても変わらないと考えております」（前川喜平初中局長答弁、衆議院・文部科学委員会、二〇一四年四月一六日）と答弁されていること、「附帯決議」（二〇一四年五月一六日、衆議院文部科学委員会）を活用していくこと、さらに文部科学省初等中等教育局長通知（二〇一四年七月一七日）の中で「なお、地方自治法の規定に基づき、各地方公共団体の実情に応じて、総合教育会議に係る事務を教育委員会事務局に委任又は補助執行させることが可能であること」をふまえて総合教育会議事務局を教育委員会に置く努力を重ねていくことが求められている。

首長部局移管の動きは全国各地で起こっているが、たとえば大阪府守口市では二〇一六年四月一日から公民館が廃止されてコミュニティセンターへと改編された。二〇一五年一一月九日に開催された大阪府守口市総合教育会議会議録（守口市ホームページ）を見ると、そこでは、公民館のコミュニティセンターへの転換、地域のコミュニティ活動の促進のために公民館地区運営委員会組織の地域コミュニティ協議会への再編、地域コミュニティ拠点施設への指定管理者の導入、地区コミュニティセンター及び地域コミュニティ拠点施設の有料化と五つの機能の設定（市民協働推進、健康・相談・生活支援、学習・運動・人材育成、集会、防災支援）、教育委員会事務局生涯学習部の市長部局移管（地域づくりと結びつけていくために事務を一元化）、などが市民生活部長から説明され、教育委員会との質疑応答が記録されている。総合教育会議が市長部局の一方的な政策説明と「調整」の場であってはならないのは言うまでもないが、地方教育行政法「改正」は教育委員会に対する首長部局の権限を強化することによって、首長の意向を反映させる回路をつくったのである。

注

（1）　教育政策における社会教育の位置づけについては五十嵐顕の「……一国の社会教育と学校教育にむけられる教育政策は、前者における政策と後者へのそれが平面的に対応しあうものではなく、両者が合体して始めて教育政策の真の内容が構成されるような形で照応している。この場合基礎的な役割をはたすのは国家権力の『おとな』への教育的志向であって、その逆ではない。いい直せば『子ども』の教育に対する国家的関心は、社会教育（政策）の領域に属する国家的関心のある抽象的形態であるということができる。社会教育において国家権力は、『おとな』の現実的な社会関係の意識に働きかけるのであり、これが社会教育に対する国家政策の中心的な関心となっている」（五十嵐顕「社会教育と国家―教育認識の問題として―」日本社会教育学会編『社会教育行政の理論―日本の社会教育第4集』国土社、一九五九年一〇月という指摘が今日でも極めて示唆的である。

（2）　木田宏著『新訂　逐条解説　地方教育行政の組織及び運営に関する法律』第一法規、一九七七年を参照。

第3章 公民館の首長部局移管問題で問われたもの

――岡山市を事例に

「……第三の教育行政の一般行政からの独立という点については、……ことに社会教育においては学校教育におけるよりも、いっそう政治の不当支配による悪影響をうける危険は多いものであるというべきものであって、その意味で教育委員会が一般行政からの悪影響を排除し、ある程度行政の独自的分野を守って社会教育を推進することは望ましいことである。……しかしながら、社会教育の特殊性から見て、一般行政と全く無関係に独歩することは不可能であり、又望ましいことではない。社会の教育であり、社会の実生活の上に立った教育である社会教育の行政と一般行政とは多くの協力すべき分野を持つものというべきである。一般行政の実施にともなって、これを国民に浸透し、国民の協力を求める上に、教育の手段を必要とすることが多い。社会教育の行政機関は一般行政に伴う教育のうち、政治の不当支配に属するものと考えられるものは努めてこれを排斥するとともに、純粋な教育目的すなわち人間性の陶冶と実生活の向上に役立つものと目されるものを選んで、之と密接に協力しなければならないのであって、この意味で教育委員会は社会教育の分野における一般行政への協力に関して、厳正な批判的態度を持すべきものと考えられる……」（寺中作雄「教育委員会と社会教育」（文部時報八五五、一九四八年三月、横山宏・小林文人編著『社会教育法成立過程資料集成』昭和出版、一九八一年に所収）。

はじめに

二〇一〇年四月から動きはじめた岡山市公民館首長部局移管問題。全国の公民館関係者が注目した岡山市では、「岡山市の公民館の充実をすすめる市民の会」が主催した連続学習会「語り合おう！　私たちの地域と公民館の未来―公民館の市長部局移管問題を考える学習会」（三六会場・延べ六三七人参加）が開催され、筆者も講師の一人として、東山公民館（二〇一〇年一〇月二五日）、北公民館（一〇月三一日）そして興除《こうじょ》公民館（一〇月三一日）で話をする機会を得た。

岡山市には中学校区に三七館の公民館が地域配置されている。公民館はもともとその地域の歴史や文化と深く結びついた施設であり、たった一回の訪問ではあったが、三つの公民館からそれぞれの地域の特徴や文化的香りを感ずることができたように思う。

学習会に参加された市民の皆さんの中にはさまざまな市民活動に取り組んでいる方々もいれば、「ここが私の癒しの場です」「公民館は退職後の居場所です」「七〇代八〇代はみんな苦労した。公民館はその人たちの最後の学びの場です」「公民館は行政のにおいがない。市民のために献身的に動いてくれる職員がいる」など、公民館に対する思いや願いがこもごも語られた。その空間を参加者とともに共有しながら、あらためて岡山市の公民館が地域で果たしている役割の確かさと豊かさを感じることができたように思う。

職員と市民の協同の力で非正規だった公民館職員を正職化し、社会教育主事を各館に配置するというシステムを創りあげた岡山市公民館体制は、何よりも学びを通して地域づくり・まちづくりに大きく貢献してきた。その公民館をなぜ、いま首長部局に移管しなければならないのか。全国的に社会教育施設・社会教育行政が首長部局に移管されつつあるなかで、人権としての学びの自由と権利を保障する公民館が、一般行政から独立した行政委員会としての教育委員会にあることの意義を、戦後教育改革に立ち戻りながら確認したいというのが本章の目的である。

1　戦前教育の深い反省から出発した戦後教育改革
――人権としての社会教育権

アジアへの侵略戦争と戦争を支えた天皇制教学体制に対する深い反省から出発した戦後教育は、日本国憲法の精神に則って制定された一九四七年の教育基本法を軸に出発した。そこでは「われらは、さきに、日本国憲法を確定し、民主的で文化的な国家を建設して、世界の平和と人類の福祉に貢献しようとする決意を示した。この理想の実現は、根本において教育の力にまつべきものである」（教育基本法前文）として、憲法の理想を実現していくうえで教育に対する大きな期待を表明していたのである。

同法第二条は「教育の目的は、あらゆる機会に、あらゆる場所において実現されなければならない」として教育を学校教育に限定せず社会教育も含めて広く捉えるとともに、第七条（社会教育）では社会教育に対する国・自治体の公的奨励責務を明記し、図書館、博物館、公民館の設置等を通して教育の目的の実現をはからなければならないとした。また、第一〇条（教育行政）においては、「教育は、不当な支配に服することなく、国民全体に対し直接に責任を負って行われなければならない。2　教育行政は、この自覚のもとに、教育の目的を遂行するに必要な諸条件の整備確立を目標として行われなければならない」として、教育の自主性と国民に対する教育の直接責任性を謳い、その制度的保障として、地域の教育行政を担う教育委員会制度（一九四八年教育委員会法）を発足させたのである。残念ながら一九五六年に地方教育行政法が国会に警官隊を導入してまで強行採決され、公選制教育委員会制度は数年でその実験的試みは頓挫させられた。そして二〇〇六年には第一次安倍内閣・自公政権のもとで教育基本法は「全部改正」された（詳細は、たとえば教育科学研究会編『教育基本法の「改正」を許さない』国土社、二〇〇六年を参照されたい）。

ところで、日本国憲法第二六条は「すべて国民は、法律に定めるところにより、その能力に応じて、ひとしく教育を受ける権利を有する」と定め、憲法に規定された人権のカタログに教育権を位置づけている。憲法が明記する教育権は、学校教育を受けられる子ども・若者たちだけの排他的特権ではなく生涯にわたって保障されるべきすべての人々の人権であり、権利としての社会教育もまた人権として捉えられなければならない。

2　学びの自由と教育委員会制度

戦後発足した教育委員会制度は、前述したように公選制から任命制へ改変され、さまざまな矛盾を抱えてきた。二〇〇八年には、地方分権改革推進委員会第一次勧告「生活者の視点に立つ『地方政府』の確立」（二〇〇八年五月二八日）が教育委員会制度の「設置の選択性、首長との連携による教育行政の充実と総合的な行政の推進という観点、小規模市町村における共同化等の設置形態、情報開示を通じた活性化方策」を打ち出している。しかし、問題を内包しつつも教育委員会が一般行政から独立した行政委員会としてあることの意味は極めて大きい。大人の政治意識に直接・間接に関与しうる社会教育（行政）は、権力に対する批判の自由を含む学びの自由が最大限保障されなければならないからである。

その意味で、公民館の法的根拠ともなっている社会教育法（一九四九年）制定にあたって、当時の文部省社会教育課長・寺中作雄が「社会教育の自由の獲得のために、社会教育法は生まれた」（『社会教育法解説』一九四九年）と述べているのは注目される。事実、社会教育法は、社会教育の自由のコロラリーに位置づく条項として、たとえば「社会教育主事は、社会教育を行う者に専門的技術的な助言と指導を与える。ただし命令及び監督をしてはならない」（第九条の三）、「国及び地方公共団体は、社会教育関係団体に対し、いかなる方法によっても、不当に統制的支配を及ぼし、又はその事業に干涉を加えてはならない」（第一二条）そして「国及び地方公共団体は、社会教育関係団体に対し、補助金を与えてはならない」（旧一三条、同条文は公の支配に属しない教育の事業への公金支出を禁じた憲法八九条の規定からいって当然の条文であったが、一九五九年法改正で削除され、社会教育関係団体への補助金支出に道が開かれた）を有し、社会教育の自由にかかわって豊かな理念を内包してきたのである。

3　岡山市当局の「学びと実践の相乗効果」論をどう考えるか

筆者は、岡山市の首長部局移管問題で問われたことの一つは学びと実践との関係をどう捉えるかにあったと考えている。岡山市の担当局長は、安全・安心ネットワークと公民館の活動は「目指す方向が一致」しているため、双方を結び付けることで「『学びと実践』の相乗効果が期待できる」と述べたと伝えられている（『岡山日日新聞』二〇一〇年九月一〇日付）。

学びと実践との関係は、学びの自由とも深く関わる問題である。学びを実践に結びつけるかは、まさに主権者としての住民の自主性にゆだねるべき事柄であって、本来は、行政が住民に地域づくりやまちづくりに関する行動や実践を強制することはできない。一方、公民館は、まちづくりを支える住民が学びを通して自治の力を高めるところに目的があるのであって、さまざまな行動や実践に関する情報提供・学習支援はしても、あくまでも行動や実践は住民ひとりひとりの自主性に任せるべきである。

たとえば、学校支援地域本部事業を想定して二〇〇八年に社会教育法改正がなされたとき、筆者は国会で参考人として発言し、「学習成果の活用」論のもと住民がボランティア活動に動員される危惧を表明したが、二〇〇八年五月二三日の衆議院文部科学委員会「社会教育法等の一部を改正する法律案に対する附帯決議」では、第二項で「生涯学習・社会教育に係る個人の学習成果が、学校、社会教育施設その他地域において行う教育活動として生かされるよう、各個人の学習活動と地域社会の教育活動との循環につながるような具体的な取組について支援に努めること。また、その際、自発的意思で行われる学習に対して行政の介入とならないよう留意すること」と指摘している。国会審議においても当時の加茂川幸夫生涯学習政策局長は「行政が学習の成果について型をはめて押しつけるといった前提にたつものではない……この機会を利用して個々人が参加する際は、あくまでもみずからの選択によって学習できるということでございまして……」（加茂川政府参考人、衆議院二〇〇八年五月二一日）と述べているのである。

実は、公民館首長部局移管問題の最中に、当の岡山市安全・安心ネットワーク推進室長から「皇太子殿下行啓に関わる沿道等での奉送迎について（お知らせ）」（事務連絡　平成二二年一〇月二一日）という文書が発出されている。「第二五回国民文化祭・おかやま二〇一〇」に皇太子殿下が視察にみえるということで、関係連合町内会長・関係町内会長宛てに出されたものであるが、そこでは「お願い」として六項目が挙げられており、たとえば「携帯電話での撮影はマナー上好ましくありません。他の人の迷惑にもなりますのでご遠慮ください。（普通のカメラは可）」「奉送迎時の留意事項　前に出ない。押さない。車列を追いかけて移動しない。小旗は横に振らない（他の奉送迎者に当たる可能性がありますので縦に振ってください）」などと記載されている。

4　全国を励まし続けている岡山市公民館

学習を常に先行させ、市民と職員の粘り強い運動によって公民館の首長部局移管を阻止するという大きな成果を勝ち取った岡山市公民館。しかし、二〇一一年四月からは公民館職員全員が安全・安心ネットワーク推進室の併任となり、また、安全・安心ネットワーク推進室職員が公民館に順次配置される。補助執行のあり方についても「岡山市教育委員会の権限に属する事務の補助執行に関する規則」が改正され、安全・安心ネットワーク推進室に属する職員に補助執行させる事務から「事業方針、計画策定等の教育行政の根幹にかかわる基本的事項及び重要な案件」が除かれた(1)。

今後、岡山市公民館が直面するであろう事態については予断を許さないが、教育機関のなかに一般行政事務が入るという新たな段階を迎え、さらに東日本大震災と原発事故という未曾有の災害のもとで問われている「安全・安心」に対して、地域の公民館が「学びの自由」を通してどのように地域の自治の力を高めていくかが鋭く問われているように思われるのである。

なお、二〇一四年、「ＥＳＤ推進のための公民館―ＣＬＣ［Community Learning Centre］国際会議

～地域で学び、共につくる持続可能な社会～」（ＥＳＤ［Education for Sustainable Development、持続可能な開発のための教育］）が岡山市で開催され「すべての人々に質の高い教育と生涯にわたって学ぶ機会を提供することは、各国の教育および開発の制度の中で中心的な位置を占めなければならない」として、公民館や社会教育活動の重要性を確認する「岡山コミットメント」が発表された。ＥＳＤを軸にした岡山市の公民館実践は全国の公民館を励まし続けていることも指摘しておきたい。

注

（1）　岡山市のその後の展開については、吉田郁美「人づくりこそがまちづくり」自治労連・地方自治問題研究機構『季刊　自治と分権』二〇一六年春号、大月書店を参照のこと。

第4章　公民館への指定管理者制度導入の問題点

「政府及び関係者は、本法の施行に当たり、次の事項について特段の配慮をすべきである。

一　国民の生涯にわたる学習活動を支援し、学習需要の増加に応えていくため、公民館、図書館及び博物館等の社会教育施設における人材確保及びその在り方について、指定管理者制度の導入による弊害についても十分配慮し、検討すること。また、その際、各地方公共団体での取組における地域間格差を解消し、円滑な運営を行うことができるよう様々な支援に努めること」（傍点筆者、社会教育法等の一部を改正する法律案に対する附帯決議、二〇〇八年五月二三日衆議院文部科学委員会）。

はじめに

ここに掲げた附帯決議は、二〇〇八年社会教育法・図書館法・博物館法「改正」時に衆議院文部科学委員会において全会一致で採択された決議の一部である。筆者はこの日、同委員会から参考人として招致され、「社会教育法等の一部を改正する法律案」の問題点を縷々指摘した(1)。その後、委員会での審議・採決を経た後に、本決議が採択された。

「社会教育施設における人材確保及びその在り方」にかかわって「指定管理者制度の導入による弊害」が指摘されたことの意味は大きい。国会審議では「……大体指定期間が短期であるために、五年ぐらいと聞いておりますが、長期的視野に立った運営というものが図書館ということになじまないというか難しいということ、また職員の研修機会の確保や後継者の育成等の機会が難しくなる、こういう問題が指摘されておるわけでございます。やっぱりなじまないということで、一・八パーセントなのかなというふうに私は受け止めております」（渡海紀三朗国務大臣、参議院文教科学委員会、二〇〇八年六月三日、一・八パーセントについては**表4-1**を参照されたい）という発言や、二〇一一年一月五日には、当時の片山善博総務大臣が年頭記者会見において「……例えば、公共図書館とか、まして学校図書館なんかは、指定管理になじまないと私は思うのです。やはり、きちっと行政がちゃんと直営で、スタッフを配置して運営すべきだと、私なんかは思うのですね」と発言している。

しかし、問題とされているのは、図書館への指定管理者制度の導入だけではない。**表4-1**は、文部科学省調査（二〇一一年）をもとに各社会教育施設の指定管理者導入率を出したものである。指定管理者の内訳と導入率

指定管理者導入率 （　）内は2008年・2005年のデータ
8.6%（ 7.7%・ 3.3%）
10.7%（ 6.4%・ 1.8%）
21.8%（10.7%・ 7.8%）
33.5%（32.7%・16.7%）
31.8%（32.7%・ 7.7%）
35.4%（32.0%・20.7%）
53.7%（46.2%・33.2%）
22.7%（17.7%　　　）

表４－１　社会教育施設における指定管理者導入率（2011年）

社会教育施設名	計	うち指定管理者				
		地方公共団体	民法第34条の法人	会社	NPO法人	その他
公民館	15,392	9	285	92	33	900
図書館	3,249	1	52	223	44	27
博物館	724		118	31	4	5
青少年教育施設	1,020	9	150	87	49	98
女性教育施設	277		34	22	22	25
社会体育施設	27,469	95	4,038	2,953	858	1,770
文化会館	1,742	9	550	244	47	85
生涯学習センター	409		47	17	6	21

2005年、2008年、2011年文部科学省社会教育調査をもとに筆者作成。

の違いは、当該自治体の社会教育施設の歴史的地域的性格等を反映しているように思われる。いずれにせよ指定管理者の導入がすすみつつあるのである[2]。

1　人権としての教育権・学習権を保障する社会教育施設

進む貧困・格差社会化、無縁社会など、人間の尊厳が根底から否定され、さまざまな問題が噴出している今日の日本社会にあって、誰もが「個人として尊重」され、「生命、自由及び幸福追求に対する国民の権利」（憲法第一三条）・「健康で文化的な最低限度の生活を営む権利」（二五条）が保障されなければならない。そして、このような時代であるからこそ、一九四七年教育基本法前文が掲げた「この理想の実現は、根本において教育の力にまつべきものである」という文言にあらためて注目したい。憲法が掲げた理想を実現していくうえで「教育を受ける権利」(第二六条）は、その意味で他の憲法上の人権を実現するための中核に位置するものと考えられるからである。

人権としての教育権・学習権保障の思想は、ほぼ一二年ごとに開催されてきた国際成人教育国際会議においても承認されてきた。一九八五年ユネスコ学習権宣言、一九九七年ハンブルグ宣言に続き、二〇〇九年一二月にブラジル・ベレンで開催された第六回国際成人教育会議においても「成人教育は教育への権利の不可欠の要素として認められるものであり、したがって我々はすべての若者と成人がこの権利を行使することを可能にする新しくかつ緊急の行動方針を策定することを必要としている」(行動のためのベレン・フレームワーク）と指摘されている。

社会教育施設は、このような国際的な学習権思想に裏打ちされつつ、日本国憲法・教育基本法（一九四七年教育基本法は二〇〇六年に「全部改正」された）・社会教育法・図書館法・博物館法・スポーツ基本法等に基づいて設置された人権としての学習権保障を軸とした社会教育施設であり、単なる「公の施設」ではない。

2　教育委員会が管理主体であると規定されている社会教育施設

二〇〇三年の地方自治法改正時の総務省自治行政局長通知「地方自治法の一部を改正する法律の公布について」(七月一七日、以下「二〇〇三年通知」と略す）は、「四　その他」で「道路法、河川法、学校教育法等個別の法律において公の施設の管理主体が限定される場合には、指定管理者制度を採ることができないものであること」と明記していた。

公民館、図書館、博物館は、地方教育行政法第三〇条によって明確に教育機関として位置づけられている。同法第二一条（教育委員会の職務権限）によれば、「教育委員会は、当該地方公共団体が処理する教育に関する事務で、次に掲げるものを管理し、及び執行する。一　教育委員会の所管に属する第三十条に規定する学校その他の教育機関（以下「学校その他の教育機関」という）の設置、管理及び廃止に関すること」（傍点筆者）と規定されており、社会教育施設の管理主体は教育委員会であって、法規定からいっても社会教育施設に指定管理者制度を採ることはできないはずである。さらに同法第三四条は、教育委員会の教育機関職員任命権も明記している。特に公民館については、社会教育法第二八条が「館長、主事その他必要な職員」に対して教育委員会の任命権を定めていることも重要である。

では、「二〇〇三年通知」からいっても指定管理者制度をとることができない社会教育施設になぜ指定管理者制度を導入することができたのであろうか。

その答えの一つは、「自治体構造改革」の進行とともに、この間の文部科学省の対応をあげることができる。すなわち、小泉構造改革のもと、二〇〇三年一一月二一日の第二四回経済財政諮問会議において「地方自治法改正により指定管理者制度が導入されたことを受け、今後は館長業務を含めた全面的な民間委託が可能であることをあらためて明確に周知」と述べ、二〇〇五年一月二五日には、所管部課長会議において「社会教育施設における指定管理者制度の適用について」という文書を明らかにして指定管理者制度導入への道をひらいたからである。以下、同文書の一部を引用してみる。

（1） 公民館、図書館及び博物館の社会教育施設については、指定管理者制度を適用し、株式会社など民間事業者にも館長業務を含め全面的に管理を行わせることができること。

（2） 社会教育法第二七条第一項、図書館法第一三条第一項及び博物館法第四条第一項が館長の必置を定めているところ、公民館、図書館及び博物館に指定管理者制度を適用する場合においても、地方公共団体又は指定管理者が館長を必ず置かなければならないこと。また、博物館については、博物館法第四条第三項が学芸員の必置を定めているので、指定管理者制度を適用する場合においても、地方公共団体又は指定管理者が学芸員を必ず置かなければならないこと。

（3） 社会教育法第二八条及び地方教育行政の組織及び運営に関する法律第三四条が館長その他の職員の任命を教育委員会が行うことを定めているが、教育委員会の任命権は公務員たる職員を対象とするものであり、公民館、図書館及び博物館に指定管理者制度を適用する場合において指定管理者が雇う者は公務員ではないことから、教育委員会の任命権の対象ではなく、したがって社会教育法第二八条及び地教行法第三四条は適用されず、よって教育委員会による任命は不要であること。

この文書には、そもそも公務員とは何か、公務労働とは何か[3]、教育委員会の任命権とは何か、など重要な問題がいくつも内包されている。「指定管理者が雇う者は公務員ではない」からという理由で教育委員会任命権を自ら否定する「論理」は、文部科学省自身の社会教育施設充実策とも明らかに矛盾するものである。

3　あらためて指定管理者制度を問い直す

すでに多くの自治体社会教育施設に導入されている指定管理者制度であるが、地方自治法上の規定は大きな枠組みだけであって、制度の運用は自治体側の「努力」によって「精緻化」され、一方で指定管理者側にもそのノウハウが蓄積されてきた。しかし、筆者は、以下のように、指定管理者制度の制度設計それ自体が深刻な矛盾を内包していると考えている。

その第一は、制度導入の目的に関わることである。「二〇〇三年通知」は、「公の施設の管理に民間の能力を活用しつつ、住民サービスの向上を図るとともに、経費の節減等を図る」として「民間の能力の活用」と「住民サービスの向上」と「経費の節減」の三者が予定調和的に描かれている。しかし、一部に例外はあるものの、唯一絶対条件になっているのは「経費の節減」であって、「経費の節減」が達成できない指定管理者制度の導入はあり得ない。

総務省自治行政局長通知「指定管理者制度の運用について」（二〇一〇年一二月二八日）でも「指定管理者の指定の申請にあたっては、住民サービスを効果的、効率的に提供するため、サービスの提供者を民間事業者等から幅広く求めることに意義があり、複数の申請者に事業計画書を提出させることが望ましい。一方で、利用者や住民からの評価等を踏まえ同一事業者を再び指定している例もあり、各地方公共団体において施設の態様等に応じて適切に選定を行うこと」として、繰り返し「複数の申請者」に提出させることを求めている。複数の申請者になれば、選定委員会において「価格競争」が生まれ、社会教育事業面の評価が後景にしりぞくのは必定である。「公共サービス」を市場に投げ出すこの制度は、絶えず民間事業者の新規参入を求めざるを得ない制度なのであって、「価格競争」は必然的に激化せざるを得ない。

第二に、応募者は「価格競争」に勝ち抜くために指定管理料を自ら低く見積もる指向を持つという点である。人件費カットとも連動するこの動きは、三年ないし五年というように期間が指定されることと相俟って、自治体自らが官製ワーキングプアを再生産することになる。(4)

第三に、指定管理者制度のもとでは、自治体の教育財産と多額の公費（指定管理料）が指定管理者に投入されることにもっと注視する必要があるということである。公民館などの使用許可権限が、教育委員会から指定管理者に移行することによって施設使用にかかわる恣意的運営がなされ、学びの自由が脅かされる危険性があり、さらに利用料金制度の導入によって今まで無料であった公民館が有料化される可能性が大きい。

第四は、指定管理者制度が自治体社会教育行政にもたらす深刻な影響である。指定期間を定めることによる問題は、住民の学習権を保障する教育事業の中断の可能性を常に持ち、職員サイドから言えば、職員の専門性を高めるために求められる主体的意欲と継続性が阻害されることになる。自治体職員には異動があるので指定管理者制度のほうが職員の専門性が高まるという議論があるが、多くの場合は指定管理者に非正規で雇用され、さらに指定期間終了後の継続雇用の見通しがない中では、職員の専門的力量の蓄積と継承に大きな困難性を有していることは明らかである。「教育の国民に対する直接責任性」（一九四七年教育基本法）を放棄してアウトソーシングを続けていくと、社会教育の仕事を豊かにしていく源泉ともいうべき地域住民の実際生活と社会教育行政が遊離し、公民館・図書館・博物館などの教育機関職員と教育委員会事務局職員に蓄積・継承されるべき専門的力量が低下していくというスパイラルダウンの構造に陥っていくことになろう。結局、公民館などの教育機関と教育委員会事務局職員に社会教育の専門的力量が蓄積されず、教育委員会事務局は指定管理の監督業務に特化されていくだろう。

第五は、管理を代行する指定管理者側にとっての問題点を指摘しておきたい。期間を指定されること自体が民間事業者等にとってもリスクを負うことになるが、本質的に問われていることは、「協定書」に基づいて行う「委託事業」や「自主事業」においてどれだけ「自らの意思」(5)を貫いて社会教育事業を展開できるか、ということである。なぜならば、地域の人々の学びを支え、学びを通して地域に自治を生み出す社会教育の仕事は、自律的かつ創造的な営みであって、施設の管理・運営を「代行」する指定管理者制度のもとでは、制度的にその自律性と創造性が常に阻害される可能性があるからである。

筆者は、その矛盾を少しでも解決するために、地域・自治体で「指定管理者制度」の運用を改善していく努力とともに、いくつかの自治体で実現しているように指定管理に出された社会教育施設を自治体の直営に戻すこと、そして最終的には指定管理者制度の廃止を展望することも視野に入れるべきであると考える。

4　千葉市公民館への指定管理者制度導入問題の現段階

人口九六万人の政令指定都市・千葉市は、ほぼ中学校区に一館の公民館整備（現在四七館、うち二一館に公民館図書室）を行い、多彩な事業展開、条例による無料規定（千葉市公民館設置管理条例第五条、市外の者は有料）、公民館運営審議会（各区の中核公民館）と公民館運営懇談会の全館配置による公民館運営における住民参加と住民意思の反映、など教育委員会直営のもとでさまざまな努力が重ねられてきた。もともと公民館運営審議会の各館配置という優れたシステムをもっていたが、一九九六年二月の「千葉市行政改革推進計画」で「各公民館運営審議会の地区中央公民館への集約、社会センターの廃止、公民館職員の各区中央公民館への集約」が出され、この計画を受けて二〇〇〇年四月には六つの行政区ごとに中核となる公民館を配置する体制に移行した。一九九六年六月一九日に千葉市教育長は市議会で「公民館の財団委託」も「慎重に研究」と答弁している。二〇〇一年には千葉市生涯学習センターが設立とともに千葉市教育振興財団に委託されたが、千葉市中央図書館は市民運動を背景にしつつ教育委員会直営を維持している。
公民館の指定管理者制度導入が明確に文書として登場するのは、平成二四年度第一回千葉市行政改革推進委員会（二〇一二年七月二日）における「外郭団体の組織及び運営の今後のあり方」（案）の参考資料「外郭団体の事務事業の見直し結果の概要」である。そこでは「新たに外郭団体が実施することとする事務事業（主な事業）」として教育振興財団においては「公民館管理運営事業（直営から指定管理事業へ）」が挙げられ、実施予定時期は平成二八年度とされたのである。千葉市の場合は、行政改革のなかでも「外郭団体の事務事業の見直し」から公民館の指定管理者導入問題が起こったといえよう。

最近の熊谷千葉市長のマニフェスト進捗状況〔平成二七年度当初予算（案）時点〕では、「公民館の新たな管理運営」における工程表で「地域団体と協議を行い、体制の整ったところについて、平成二八年度より、地域による公民館の管理運営を実施します」としつつ、「工程表からの変更点」として「ハード・ソフト両面にわたる公民館の管理運営全体について地域に取り組んでもらう予定であったが、各地域団体と調整の結果、主にソフト面について参画してもらうことになったため、「管理運営基準の提示」を「管理運営条件の協議」に、「事業計画書の作成」「管理運営者及び地域管理を行う公民館の決定」を「管理運営者、地域管理を行う公民館及び管理運営条件の決定に変更する」とされていた。教育振興財団への指定管理導入だけでなく、地域団体への指定管理も市長は考えていたことがわかる。

筆者は、この間、千葉市社会教育委員として公民館への指定管理者制度導入問題について審議に加わってきたが、このような公民館の管理運営に関わる重大な案件を千葉市教育委員会は社会教育委員会議に諮問することなく、また千葉市公民館長会も公民館運営審議会に諮問することなく、事態は推移してきた。二〇一六年三月二五日に社会教育委員会議に提出された資料「公民館への指定管理者制度の導入について（素案）」に基づき四月には異例の二回の社会教育委員会議を開催し、五月三一日に「意見のまとめ」を教育委員会に提出している。

その間、二〇一五年八月に開催された千葉市社会教育委員会議では、公民館の在り方についての議題が千葉市情報公開条例第五条第七号に基づいて非公開にされるという事態が生まれた。傍聴できなかった市民は市長に手紙を出すが、「市が明確に方針を決めてから市民に公開します」という回答を受けとる。総じて計画立案のプロセスへの市民参加が軽視される状況とパラレルに指定管理者制度が導入されようとしているのである。

二〇一〇年ごろ、千葉市公民館の有料化問題を契機に設立された「千葉市公民館を考える会」は、この間、市民とともに公民館フォーラムを重ね、二〇一四年七月には「（1）使用料無料の堅持を望みます。（2）公民館は指定管理者制度にはなじみません。（3）千葉市自らのすみやかな改善を望みます」という内容の「千葉市公民館についての提言」を千葉市長・千葉市教育委員会に提出。さらに「としょかんふれんず千葉市」と共催で「千葉市図書館・公民館フォーラム実行委員会」を立ち上げ、これまでに三回フォーラムを実施。第二回目のフォーラムでは元総務大臣・片山善博氏をお呼びするなど

（二〇一四年一二月、二三〇人参加）、指定管理者制度の問題点を市民と共有すべく努力を重ねてきた。「千葉市公民館を考える会」は二〇一六年六月には千葉市議会議長あてに「公民館への指定管理者制度の導入について（素案）」に関する陳情書を署名二〇八三筆とともに提出し、教育未来常任委員会では継続審議になっている。千葉市は「なるべく早い時期の導入を目指す」（二〇一六年六月一五日教育未来常任委員会へ提出した文書『平成二八年第二回定例会　陳情第四号『公民館への指定管理者制度の導入について（素案）』に関する陳情書について」教育委員会生涯学習部生涯学習振興課）として九月議会に関連議案を提出する構えを見せており全く予断を許さない状況になっている。

注

（1）詳しくは衆議院文部科学委員会第一六九回国会会議録第一一号（平成二〇年五月二三日）を参照されたい。

（2）スポーツ施設・文化施設については、二〇〇七年に地方教育行政法「改正」によって第二四条の二（職務権限の特例）が新設され、「……条例の定めるところにより、当該地方公共団体の長が、次の各号に掲げる教育に関する事務のいずれか又はすべてを管理し、及び執行することができる。一　スポーツに関すること（学校における体育に関することを除く）二　文化に関すること（文化財の保護に関することを除く）……」とされた。この法改正は、実態追認の面もあったが、スポーツ・文化施設の首長部局移管を加速化させ、非教育施設化することで指定管理者導入を容易化させたといえよう。

（3）教育公務員特例法では「教育を通じて国民全体に奉仕する教育公務員」（第一条）という文言が見られる。また、教育委員会事務局に置かれる社会教育主事は、専門的教育職員として指導主事と共に同法に位置づけられている。

（4）その点で、千葉県野田市公契約条例が「……一方で低入札価格の問題によって下請の事業者や業務に従事する労働者にしわ寄せがされ、労働者の賃金の低下を招く状況になってきている。このような状況を改善し、公平かつ適正な入札を通じて豊かな地域社会の実現と労働者の適正な労働条件が確保されることは、ひとつの自治体で解決できるものではなく、国が公契約に関する法律の整備の重要性を認識し、速やかに必要な措置を講ずることが不可欠である。……」（平成二一年九月三〇日　野田市条例第二五号、前文より）と指摘している点は重要であり、自治体の取り組みとして注目されよう。しかし、指定管理者制度それ自体が持つ制度的矛盾は残ったままである。

（5）「『教育機関』とは、教育、学術および文化（以下「教育」という）に関する事業または教育に関する事業または専門的・技術的事項の研究もしくは教育関係職員の研修、保健、福利、厚生等の教育と密接な関連のある事業を行うことを主目的とし、専属の物的施設および人的施設を備え、かつ、管理者の管理の下に自らの意思をもって継続的に事業の運営を行う機関である」（傍点筆者。委初一五八号、一九五七年、文部省初等中等教育局長）とされている。

第5章　公共施設再生計画と公民館の再編・統廃合

はじめに

いま、日本の社会教育施設は新たな再編の嵐のなかに立たされている。自治体の行財政改革と連動した社会教育施設の再編に加え、この間、自治体の公共施設の「老朽化」を背景に、ファシリティマネジメント（ＦＭ）の名のもとで公共施設再生計画が各地で作成され、公共施設の持つそれぞれ固有の目的が等閑視されて社会教育施設の廃止や統廃合にいたる状況が生み出されつつある。総務省は二〇一四年四月二二日に、地方公共団体宛てに公共施設等の総合的かつ計画的な管理を推進するため、速やかに「公共施設等総合管理計画」の策定に取り組むよう要請し、併せて同計画の記載事項・留意事項をまとめた「公共施設等総合管理計画の策定にあたっての指針」を出している。そこでは「統合や廃止の推進方針」あるいは「ＰＰＰ／ＰＦＩの活用」などが打ち出され、さらにこの動きに拍車をかけると思われるのが二〇一五年四月からの改正地方教育行政法の施行である。首長任命の新教育長と総合教育会議を通じての首長権限強化は、首長部局主導の社会教育関連行政と社会教育施設再編を加速・促進しかねない状況にある。

ここでは、このような状況のもとであらためて学びの自由と自治を保障する教育委員会制度と社会教育行政をめぐる課題を提示してみたい。

1 習志野市における「公共施設再生計画」と公民館再編・統廃合

「公共施設再生計画」による公民館の廃止・統合をめぐって市民の間で不安が広がっている習志野市では中学校区に七館の公民館を地域配置し、多彩な学級・講座の開催、自主的なサークル活動、住民参加の公民館報づくり、地域生涯学習圏会議設置（一九九二年）など、市民と職員が協働して豊かな公民館活動を展開してきた地域である。指定管理者制度の問題が持ち上がった時は、習志野市公民館運営審議会が審議を重ねて答申「これからの公民館事業と運営のあり方について」（二〇〇七年一〇月一六日）をまとめ、公民館活動の蓄積を踏まえて直営の大切さを述べていた。その一方で、習志野市の「公共施設の老朽化」を背景に「公共施設マネジメント白書」（二〇〇八年）がまとめられ、二〇一一年には公共施設再生計画検討専門協議会が「習志野市公共施設再生計画策定に対する提言書―負担を先送りせず、より良い資産を次世代に引き継ぐために―」（二〇一一年三月二四日）を出す。そこでは「民間事業者のノウハウ・資金、人材を活用するための様々な制度、手法」に注目がよせられ、

「施設重視から機能優先への転換と多機能化・複合化の推進」などが指摘されていた。これらを受けて市が作成した習志野市公共施設再生計画（二〇一四年三月）によれば、たとえば公民館は、菊田公民館（機能停止）・大久保公民館（複合化）・屋敷公民館（機能停止）・実花公民館（複合化）・袖ヶ浦公民館（複合化・多機能化）・谷津公民館（複合化・多機能化）・新習志野公民館（改修）とされ、大久保・新習志野公民館を除く五館の公民館の廃止・機能統合が出されている。

習志野市の公共施設再生計画で特徴的なのは、①教育委員会が管理する教育機関を含めて公共施設の首長部局による一元管理をめざして習志野市資産管理室を設置したこと、②二〇一五年四月から新習志野公民館は株式会社オーエンスが指定管理者として指定され、先行して進められている大久保地区公共施設再生事業ではＵＤＳ株式会社に事業委託されるなど、公共施設再生計画そのものが民間事業者への委託と不可分の状況で進行していること、③そして極めて特徴的なことは習志野市公共施設再生基本条例（平成二六年七月七日）を制定したことである。そこでは「第五条（市民の責務）　市民は、次世代の負担を軽減するため、公共施設の再生並びに管理運営及び維持保全に必要となる現在及び将来の財政負担に関する理解を深め、より良い資産を次世代に引き継ぐよう努めるものとする」とされ、パブリックコメント段階では第五条二項で「二　市民は、基本理念にのっとり、公共施設再生に関する理解を深め、市が実施する公共施設再生に関する施策に協力するよう努めなければならない」となっていた。これでは市民は市の施策に協力する単なる客体でしかない。まちづくりに関する市民の考えはさまざまであって、公民館では行政施策に対する批判的視点も含めて住民の自由な学びが保障されなければならない。公民館はまさにその学びの自由を通して住民自治力を高めていく社会教育施設なのであって、その公民館を廃止していく公共施設再生計画の意図が透けて見えるといえよう。

さらに、千葉市ではこうした公民館の管理運営の在り方全体に網をかけるような施策が習志野市と同様すすめられている。二〇一四年七月には「千葉市公共施設見直し方針」が策定され、二〇一五年二月には、先の総務省の要請をうけて「千葉市公共施設等総合管理計画」（案）がパブリックコメントにかかっている。そこでは、「公共施設等の中長期的な経費見通し」における不足額（収支ギャップ）を解消するために、「施設の延床面積を縮減することにより解消」するために、「今後三〇年間で約一五％の縮減が必要」とされ、「社会教育施設（公民館・図書館など）」については「地域コミュニティに密着した公民館・地区図書館などについては、地域コミュニティの中心としての学校の主要な機能として、学校との複合化を図ります。その際、公民館については、近隣のコミュニティセンターなど類似施設との関係を整理するとともに、図書館については、公民館図書室や学校図書室との関係や連携について整理します。図書館については、電子書籍の普及状況などを踏まえながら、将来的に施設に頼らない方法でのサービス提供についても検討します」と述べられている。

2　市民の学びの自由と権利を実質化する自治体社会教育の役割

公共施設再生計画で揺れる習志野市では、二〇一五年二月二四日に、景観と住環境を考えるネットワーク・千葉、千葉県自然保護連合、千葉の干潟を守る会、習志野市民フォーラム、習志野革新懇の五団体の共催で講演会「習志野市の公共施設再編を考える―文教住宅都市憲章をいかすまちづくりを―」（講師／大和田一紘氏）が開催され、また「習志野の公民館を愛する会」など、さまざまな市民活動も見られる。

たとえば、千葉県袖ヶ浦市では公民館は原則有料で社会教育関係団体には全額免除をしてきた。そこへ市の「受益者負担の適正化」提案が出され、それを受けて教育委員会は、公民館運営審議会と社会教育委員会議にこの問題をかけて議論をすすめ、九回の会議を持ち、社会教育委員会議と公民館運営審議会の合同の会議も持たれた。その結果、全額免除を維持した。このような教育委員会のスタンスと見識は注目すべきであって、それは人々の暮らしにとっての社会教育・公民館活動の意義と役割への深い洞察があったからだと思われる。

このようななかで、市民と行政、市民と自治体社会教育行政との関係をどのように構築していくかが鋭く問われている。そのカギは、首長部局の権限が強まるなかで、厳しい状況にあるが、教育行政、とりわけ社会教育行政の固有な位置と役割を市民とともに確かなものとしていくかにあるといえよう。

第6章 市町村合併と公民館再編問題

はじめに

政府によって強力に進められた「平成の大合併」は、分権改革における「市町村の規模等に応じた権限委譲」を実現するための「受け皿づくり」にとどまらず、「小泉『構造改革』の一環」「わが国の統治機構全体（地方自治体）を含む再編の一環」[1]として、二一世紀の国家戦略として進められている。それだけに市町村合併についてはさまざまな分野からのアプローチが必要である。

筆者は、地域住民ひとりひとりの主権者としての力量と地域・自治体の未来を自己決定していく力量を高めていくことが切実に求められていると考えている。そのためには、市町村合併に関わるさまざまな地域の課題を社会教育、とりわけ公民館が学習課題として取りあげていくことが大切である。ところが、現実には合併問題を公民館の学習課題として取りあげているところは、散見するかぎり少ないといわざるを得ない。

一九五三年に施行された町村合併促進法から六三年余。当時、兵庫県下の公民館を調査して「町村合併と地域の社会教育計画」を論じた津高正文は、「(啓蒙活動)の主催者は、その四分の三以上が町村役場当局で、社会教育施設・機関・団体によるものわずかに三件であった」という事実をふまえ、「要するに、合併後の社会教育には関心をもち期待するが、合併の交渉過程は見過して啓蒙活動は当局にまかすというのが、社会教育関係者の一般的な態度ではないかと思われる」と述べるとともに、各町村に「各種団体や機関に関係をもっている社会教育委員を表面に出し、それをおし進めるエネルギーとして青年層が動くというような組織」として「合併問題協議会」をつくることを提案、このことが「ほんとうの教育計画をたてる土台を築く」と見通しを述べていた。(2)

筆者は、この津高の問題意識を継承しながら、あらためて五〇年代町村合併が社会教育(公民館・青年団)にどのような影響を及ぼしたのかを探りながら、今日の市町村合併をめぐる問題点と地域社会教育の課題を論じてみたい。

1　五〇年代町村合併と公民館の再編

一九五三年の町村合併促進法による町村合併は、人口八〇〇〇人を標準に強権的に進められたものである。その結果、同法施行時の全国九八六八市町村は、三年後の一九五六年九月には三九七五まで減少した。三年間で五八九三の自治体が消えるという、「明治の大合併」(一八八九年)以来の大変動をわが国の地方自治制度は経験することになった。

自治体再編は公民館の再編・統廃合を惹起する。三万四二四八館（内本館数八〇〇七、一九五三年）あった公民館数が三万四八一六館（内本館数三七四三、一九五五年）へと本館数が減少し、さらに一九六〇年には二万一八三館（内本館数二四六三）まで減少した。特に本館数に注目するとほぼ自治体数と重なって減少しており、町村合併によって「一市町村一公民館という考えかた」がひろがったことがわかる。(3)

合併後の「公民館の施設の配置およびその組織」をどうするか、そのさまざまなパターンが寺中作雄監修・小和田武紀編著『公民館図説』（一九五四年）によって描かれている。また、長野県公民館運営協議会編『公民館の手引』(4)（一九五七年）では、合併後の公民館の配置について（Ⅰ）統合型（この型は合併された新町村全域を設置区域とする中央公民館を置き、合併前の旧町村単位あるいは校区単位の公民館を支館として、中央公民館に従属せしめ、さらにその支館の下に従来どおり部落毎に分館をおくものである……）、（Ⅱ）合同型（この型は合併町村全域を設置区域とする。中央公民館を置き、旧町村単位または校区単位に公民館を設けず、この中央公民館より部落毎にある分館に直結する方式をいう）、（Ⅲ）併立型（この型は合併前に設置された旧町村単位または校区単位に公民館を合併後もそのまま独立公民館として存続させ、部落には従来と同様分館をおくものとする……）、（Ⅳ）総合型（この型は合併後の新町村全域を設置区域とする中央公民館を設置し、旧町村単位あるいは校区単位に公民館を合併後も独立公民館として存続させ、その下に従来どおり部落に分館を置くものをいう……）の四つのタイプに類型化されている。では、現実にはどうであったのだろうか。いくつかの事例からみてみたい。

長野県では、「昭和三〇年六月におこなった実態調査によると、市に合併された六三村のうち、支館となったものが五五村もあり、合併後も旧村公民館を本館扱いしているのは、伊那市、駒ヶ根市の二市だけであることがわかる。この二市は合併の際の住民運動により、公民館の存続が合併の条件となったものである(5)」。

静岡県では、「昭和二八年から急速に動き出した町村合併も、公民館体制や、公民館関係者の期待に反するものが多かった。旧町村内にあった幾つかの地区公民館が、旧町村に一館の地区館に統廃合されたり、中央公民館を設置して分館に格下げされたものもあった。旧町村の独立公民館で専任職員として活躍していたものを中央公民館や教育委員会に引き上げたり、一般行政部局に移すなどという誤った合理化策をとったところがある。また、合併町村内のすぐれた地区の水準に他の地区を引き上げるという積極方策に反して、全地区のつりあいということから低水準の地区にならって運営費その他を減額するなど、公民館活動の振興をさまたげる数々の事態も生じた。しかし、一部には旧町村の役場の建物を公民館に転用して、一応、新町村内の公民館網を完成した事例もあるが、全体としては、館数、専任職員などが一時的に減少することを避け得なかった(6)」。

福島県では、一九五四年五月に「県内都市公民館研究会を開催し、町村合併と公民館の設計について各館の資料を集め、研究討議」を行い、「建物と職員が残っている分館はまだ良い方で、主事が本館に引き上げられ、無人の館だけ残された地区も多い。公民館発想の手が一本引き抜かれたような思いである。昭和二七年当時、県内の市町村は全部で三六〇市町村、これに対し公民館は本館三六五、分館一一四一で合計一五〇六館に達していた。ところが、町村合併が急速に進んだ結果、昭和三二年になると町村数は一二一、公民館は本館二三一（中央館一〇一、地方館一三〇）、分館三八八の七四九館で、合併前の半数に激減し、旧施設の多くは集会所に衣替えをした。町村合併の功罪は相半ばしているだろうが、まず利点としては、既設館（分館）のレベルアップが図られたこと、常勤職員の配置、統一した事業の実施、社会教育団体の大同団結などがあげられる。反面、マイナス面として、地域の特性が失われたこと。職員も地域の人間でなく本館から派遣のため、住民とのなじみも薄く、はじめのうちはよく地区へ出向いた職員も、いつか本館の机にしがみつき、なおさら疎遠になったのは事実である。中には高学歴化社会を迎えたことにより高度の学習が要求されるようになったとしても、もっぱら社会教育の学校化ともいえる内容の公民館事業が行われるようになってきた[7]」と述べられている。

石川県では「……町村合併促進法が施行され、行政の合理化を理由に小中学校の整備統合の推進をはかられ、一方では公民館の統廃合も話題となり、漸く軌道に乗りかけた公民館にとって挫折感を味わったのも確かだった。……一方公民館にとって町村合併がもたらしたプラスの部分もなくはなかった。それ以前公民館設置条例をつくったが看板もない、職員もいないという地域にあっては、合併による新しい町の発足によって、それまで活発だった地区と同じスタートラインにつくことができ、真新しい看板が、出張所、連絡所となった旧役場庁舎にかけられ、専任常勤の主事も配置になるという好影響もあった。中には、旧村役場が廃止となり新しく公民館となって、出張所長が専任館長となり、職員も二名、三名配置という先進公民館にとって羨ましい限りの公民館も出現するという市・町もあった」(8)。

新潟県柏崎市では、「合併した旧町村地区の公民館を分館とせず、それぞれ独立公民館として独立館並列方式」(9)をとり、また、佐賀県では「町村部の場合には、大きくなった町の中心部に中央公民館を設置し、その他の公民館を自治公民館に衣替えしていった」(10)ところや、やや時代は下るが岩手県では「公民館配置の一般原則の適用は困難」であり、「いわゆる岩手方式」を採用して「地域社会教育活動の基礎単位を小集落におき、ここに公民館類似施設たる部落公民館をすべて設置し、住民による社会教育自主活動の拠点たらしめるとともに、このうえに中学校区を単位とする本館を設置し」(11)というように自治公民館・部落公民館も含めて再編していった県も存在した。

五〇年代の町村合併は、このように公民館再編計画を内在化させつつ進行したのであって、単純に比較できないとはいえ、今日の市町村合併に伴って起きている公民館の再編・合理化問題の多くの事柄がすでに見え隠れしているといえよう。

2　青年団と市町村合併(12)

町村合併促進法（一九五三年）は、第六条（新町村建設計画の策定）第三項第三号で、新町村建設計画において定める事項として「小学校中学校その他の教育文化施設の統合整備に関する事項」とともに、第二五条で「公共的団体等の統合整備」を規定している。すなわち、町村合併は、公民館などの地域の教育文化施設の再編・統合だけでなく青年団や婦人会など地域を基盤に組織されていた社会教育関係団体の再編・統合をも促したのである。

日本青年団協議会は当初、「町村合併により、町村団の組織が激変し、各地の中心地には組織がないようなドーナツ型の青年団が続出しており、いろいろな問題を投げかけている……しかし、このような組織の変動の中で……これをチャンスに青年団の新しい組織がつくりだされてくることを期待したい。われわれは、今後町村合併により団活動が中央集権化したり、また古い部落根性で対立をするようなことをさけながら、町村合併を組織浄化のため有利にするような努力をつづけなければならないだろう」（「昭和二九年度の執行を顧みて」『日本青年団協議会二十年史』一六二頁）と指摘していた。しかし、日本青年団協議会自身も、各地の実態を踏まえてさらに厳しい総括をすることになる。すなわち「町村合併という地域の問題が、地域の青年集団に与えた影響は大きい。プラスする面はほとんどなく、多くの青年団は組織再編の問題で大きくゆさぶられた」（「第九回大会報告書」一九五八年『日本青年団協議会二十年史』二七七頁）と。

たとえば徳島では、「町村合併後は単位団と郡連の間に新町村団を作らしめた事は青年団を複雑化し、青年団員一人一人に重荷になろうとしている」[13]と指摘しているし、また、長野県松本市では、「町村合併促進法（法律第二五八号）が交付となり、翌二九年四月には松本市においても近村の中山・島内・島立の三カ村が合併、……その四カ月後の八月一日には近村の一〇カ村が合併、この一〇地区の青年団も松本市の青年団に加盟することになった……東筑摩郡青年団連合会は三六全町村から単位団が加盟していたため同じく中央部にすっぽり穴があき大きな痛手となった。団運営への影響はもちろん、何よりもひびいたのは精神的な打撃であり、わかものたちのこころはふるえるほどの怒りと悲しみであった」[14]と伝えている。

次に日本青年団協議会が主催している青年問題研究集会でのレポートから、五〇年代の町村合併問題に対する青年団の取組みをみてみよう（「　」内はレポートのタイトルである）。

高知県中村市後川地区青年団「町村合併に対する青年団活動」の中では、「然し、村民は、この合併について何時閉村になり、何時から市制をしかれたか村当局からは少しも知らされず……」と当局の非民主的な対応が批判され、石川県小松市月津町青年団「町村合併にちなんで」では「仲間達が二分され一方は小松市一方は片山津まちへとわかれていった……」「青年学級は村より市になって公民館のバックがなくなって……」と語っている。

同じような問題は、徳島県勝浦町生名青年団「町村合併後の問題点と『土曜会』の活動」における

「行政区の変更により団活動が悩んでいる……」「二つの公民館ができて青年学級がふるわなくなってきた……」という記述にも見られ、香川県池田町青年団「町村合併における組織について」のように「自治庁の役人が机の上で計算した……」「青年学級費が町政に左右され……」と町村合併のもつ、上からの権力的な性格を見ぬいているレポートも見られる。

その他、山形県高畠町大字深沼「分町問題と青年団」における「分町署名運動、青年団声明書……」や長野県飯山市太田連青「合併問題をめぐって」における「青年団の中に調査委員会」を設置した事例をはじめ、和歌山県有田市「地方政治と合併問題」、栃木県大平村「町村合併と青年団組織の統合」、栃木県岩身村「合併青年団の組織及び問題点」、福岡県若宮町「町村合併に左右される青年学級」、山口県楠町「町村合併に伴う組織の強化について」、鳥取県国府町「町村合併と町団」、福岡県嘉穂町「町村合併後の組織はどのように整えたらよいか」、福井県三日町「町村合併に伴う部落の人とのつながりについて」、福岡県若宮町「町村合併に左右される青年学級」などのレポートがそれぞれ青研集会のなかで取りあげられており、町村合併がいかに青年団にとって大きな影響を及ぼしたのかが理解できよう。

3　「平成の大合併」と地域社会教育の課題

「平成の大合併」は、「市町村の合併の特例に関する法律（合併特例法）」によって、二〇〇五（平成一七）年三月三一日までに行われる市町村合併について適用され、合併特例債などの財政誘導によって「自主的な市町村の合併」（同法第一条）とは名ばかりの政府による強力な市町村合併が推進されている。その後、合併特例債の適用は、二〇〇五年三月三一日までに都道府県に合併の申請を行っていれば、二〇〇六年三月三一日までなされた合併にも適用されることから駆け込み合併も続いた。

二〇〇二年一一月には、いわゆる西尾私案（「今後の基礎的自治体のあり方について（私案）」地方制度調査会）が出され、そこでは「人口については、市並みの事務を処理し権限を行うことを目指し、例えば人口〇〇未満の団体を解消することを目標とすべきではないか」、あるいは合併特例法期限後は、「合併によって解消すべき市町村の人口規模（たとえば人口〇〇）を法律上明示し、都道府県や国が当該人口規模未満の市町村の解消を目指して財政支援によらず合併を推進する方策をとるものとする」。そしてそれでも合併に至らない場合は、「長と議会（又は町村総会）を置くものとするが、議員は原則として無給とすることなどを検討する。また助役、収入役、教育委員会、農業委員会などは置かないことを検討する」などという「事務配分特例方式」や、「内部団体移行方式」も提案されている。

まさしく、小規模自治体の権限縮小、抹殺につながるような案が出されているのである。

「平成の大合併」が強権的にすすめられるならば、五〇年代町村合併で経験したことが繰り返されることは明白である。すなわち、広域（教育）行政が生まれることによって公民館の統廃合・職員削減・住民参加の後退が生まれ、結果的に地域住民の学ぶ権利は確実に後退させられることが予想されよう。特に、身近な地域施設である公民館の諸条件整備の後退は、障害者や高齢者、子どもなど社会的に不利な立場にある地域の人々の学習権保障を確実に後退させることになろう。西東京市・さいたま市などの事例が示しているように合併は、明らかに社会教育の再編・合理化の梃子とされているのである。

二〇〇三年六月六日に告示された「公民館の設置および運営に関する基準」は、旧「基準」第二条（対象区域）から「小学校又は中学校の通学区域」という文言を削除し、さらに第九条（分館）規定を全文削除するなど、まさに広域行政や合併に対応した形で見直しが進められていることにも注目する必要があろう。

合併問題をめぐっては、厳しい局面や新たな可能性もみえている時代ではあるが、このようなときだからこそ、まず第一に、市町村合併に関する学習活動を地道に展開していくことが必要である。たとえば、京都府美山町青年団では、青年団として独自の資料『美山合併問題を考える　美山の住民の視点から考える　美山の未来を考える』（美山町青年団、二〇〇三年二月四日）を発行して町民と懇談会を開催。二〇〇三年三月二〇日現在、のべ一五か所、四八〇人の参加を得ている。「これから先、二度とない大きな問題に、将来を担う若者として手をこまねいていてはいけない[15]」として、青年団が町の未来像を提案しているところが注目されよう。

第二は、あらためて、これまでの自治体合併に関わる社会教育行政の再編や公民館再編の歴史を学習課題にしながら、それぞれの地域で社会教育施設計画を含む住民主体の地域社会教育計画を策定していく課題である。その際、地域の社会教育計画立案権（社会教育法第一七条）を有する社会教育委員の会議こそ、市町村合併の是非とともに、社会教育の未来のデザインを描く軸となるべきであろう。

そして、第三は、「平成の大合併」が公民館再編に及ぼした影響を精緻に分析する課題である。新潟県公民館連合会は二〇〇三年に「市町村合併と公民館についての緊急アピール」を出し、「前回の合併では、地域の再編・統合と社会情勢の変化に伴い、公民館と共に社会教育を推進してきた青年団や婦人会に大きな変革をもたらし、その組織の衰退を招きました」と指摘し、「公民館施設の確保、充実について」「公民館専任職員の設置について」「公民館の予算確保について」の三点を関係当局に要望しているが、地域・自治体別にその実態を調査する必要があろう。さらに二〇一一年の東日本大震災を経ての「平成の大合併」の検証も求められている。合併による広域化によって復旧・復興をめぐる地域住民の自己決定権が阻害されたのではないか、と思われるからである。

注

(1) 室井力編『現代自治体再編論　市町村合併を超えて』日本評論社、二〇〇二年一一月、二頁。
(2) 津高正文「町村合併と地域の社会教育計画」日本社会教育学会編『日本の社会教育』第一集、国土社、一九五五年。
(3) 長野県公民館運営協議会・長野県公民館活動史編集委員会『長野県公民館活動史』一九八七年、二二三頁。
(4) 同前、二二四・二二五頁。
(5) 同前、二二三頁。
(6) 静岡県公民館連絡協議会『静岡県公民館五〇年のあゆみ』二〇〇一年、八・九頁。
(7) 福島県公民館連絡協議会『県公連五〇年のあゆみ』二〇〇一年、三七頁。

（8）石川県公民館連合会『石川県公民館五〇年史』一九九九年、三六・三七頁。
（9）柏崎市公民館五十年誌編さん委員会『柏崎市公民館五十年誌』二〇〇一年九月、一四頁。
（10）上野景三「自治公民館」『公民館ハンドブック　公民館運営の道案内』佐賀県公民館連合会、二〇〇一年三月、六五頁。
（11）岩手県教育委員会『教育計画』一九六四年三月、二九三頁。
（12）この部分は、拙稿「地方自治の確立を目指して―自治体問題と青年運動」日本青年団協議会編『地域青年運動五〇年史』二〇〇一年三月の一部を訂正しての抜粋である。
（13）『徳島青年連合会五十周年記念誌　地域青年団五十年の歩み』一九八六年、一二七頁。
（14）『松本市青年団運動史』一九八五年、四三頁。
（15）日本青年団新聞、二〇〇三年四月一日付。

第7章　さいたま市九条俳句不掲載事件をめぐる課題

はじめに

安倍内閣による集団的自衛権の容認とそれに続く「安保法制＝戦争法案」の強行による立憲主義の破壊、沖縄県名護市辺野古への米軍新基地建設、原発再稼働容認など、現在の日本ではあらゆる分野で日本国憲法がないがしろにされ、憲法が保障する基本的人権と平和・民主主義が危機にさらされている。日本国憲法第二六条は「すべて国民は、法律の定めるところにより、その能力に応じて、ひとしく教育を受ける権利を有する」と定め、基本的人権としての「教育を受ける権利」を子ども・若者に限定せず、文字どおり、大人も含めたすべての国民の「教育を受ける権利」を定めている。学校教育以外の社会教育もまた人権として保障されることが求められているのである。ところが、地域住民の暮らしと結びついた学びを保障すべき自治体社会教育をめぐっては、さまざまな問題が起きている。

二〇一四年六月には、さいたま市三橋公民館[1]で活動していた俳句サークル・三橋俳句会が選んだ句が、毎月発行の『三橋公民館だより』に掲載されていたにもかかわらず、「梅雨空に『九条守れ』の女性デモ」という句が不掲載になるという、社会教育の自由・学びの自由の根幹にかかわる事件が起きた。社会教育法第一二条は、社会教育の自由を守るために「国及び地方公共団体は、社会教育関係団体に対し、いかなる方法によっても、不当に統制的支配を及ぼし、又はその事業に干渉を加えてはならない」として社会教育関係団体への権力的統制を強く禁止しているのであって、今回の事件は明らかに社会教育法第一二条違反である。今日の自治体社会教育をめぐる論点は多岐にわたるが、本章では、九条俳句不掲載事件が起こったさいたま市における公民館再編問題に言及しつつ、今日の自治体社会教育行政をめぐる問題点と課題を提示してみたい。

1　さいたま市における公民館再編問題と九条俳句不掲載事件

さいたま市は、現在全国に二〇ある政令指定都市のひとつであり、二〇〇一年五月一日に浦和市・大宮市・与野市が合併してできた都市である。二〇〇五年には岩槻市を編入し、現在人口約一二七万人。この政令指定都市への移行とともに社会教育行政・公民館体制も再編されてきた。片野親義は二〇〇三年の段階で「合併後の気になる主な変化」について「教育委員会の社会教育課が二〇〇三年四月一日から廃止され」「新しく設置された九つの区に一館ずつ拠点公民館を新設……中央公民館（一館）の下に拠点公民館（九館）さらに拠点公民館の下に各区内地区公民館（四二館）を位置づけることによって、いわゆる上から下へという中央集権化の体制が整えられた」「……公民館を区役所のコミュニティ課の傘下に位置づける方向性が打ち出され」「地区公民館の職員が拠点公民館等に吸い上げられることによって、地区公民館の弱体化現象が生起し始めていること」「旧三市の公民館運営審議会を一本化したこと」と指摘している。(2)

公民館をコミュニティ行政に位置づけようとする動きについては、二〇〇三年一一月にさいたま市コミュニティ関連施設検討委員会が「コミュニティ関連施設の今後のあり方等について」という文書の中で、「……①　公民館を生涯学習活動に加え、コミュニティ活動の充実を図るための施設とすると同時に、コミュニティ施設に生涯学習活動の場としての機能を持たせ、両施設の連携・融合化を図ることにより、コミュニティ関連施設を一体的かつ体系的に生涯学習活動とコミュニティ活動の双方の拠点として明確に位置付けることとする。……②　コミュニティ関連施設を原則として市レベル、行政区レベル、地区レベルの三段階に再編することとする。③　施設の維持管理や運営の効率化を図る観点から、コミュニティ関連施設の所管の一元化を目指すこととする」と指摘していた。公民館をコミュニティ関連施設に一元化する動きについては、市民と職員の運動によって阻止することができたが、社会教育機関としての公民館が一般行政であるコミュニティ行政のもとへ一元化されることによって、公民館が社会教育法など教育関連法の適用から外され、住民の学習の自由と自治が脅かされようとしていたのである。(3)

現在、さいたま地方裁判所で審理されている「九条俳句不掲載損害賠償等請求事件」は当該俳句の作者がさいたま市に対して掲載等を求めて訴えている裁判であるが、第六回口頭弁論（二〇一六年七月八日）まで終了している。(4)弁護団・「『九条俳句』違憲国賠訴訟を市民の手で！　実行委員会」（通称／「九条俳句」市民応援団）・社会教育推進全国協議会・日本社会教育学会・日本公民館学会など社会教育関連団体が連携しつつ裁判をすすめているが、この事件は、日本国憲法・教育基本法・社会教育法で確認されてきた社会教育の自由・学びの自由の根幹にかかわるだけに、戦後社会教育史における画期となる裁判になることが予測される。

今回の裁判で「被告」さいたま市側は二〇一五年一二月一一日の第二回口頭弁論における「答弁書」において「『公民館だより』は、社会教育法五条一六号に基づくもの」であり、「公民館を運営するのは、教育委員会であって、その権限は教育長に委任されている。『公民館だより』の発行者は教育長である」「『公民館だより』については、教育長から専決の権限を与えられた桜木公民館長の判断によって行うものであって、当然に、本件九条俳句が掲載されるものではない。原告に掲載請求権はない」と主張し、さらに「今回、本件九条俳句を不掲載としたのは、その『公民館だより』発行時の以下のような社会状況等を考慮し、公民館の性格上、これを掲載しなかったものである」として、六点を挙げている。大変重要なので長いが引用してみよう。

ア　当時、政府が憲法九条の解釈につき、従前維持してきた解釈と異なる解釈を示した。

イ　これに対し、野党側は、この解釈変更を強く非難することになった。

ウ　平成二六年六月の時点では、これをめぐって政府与党と野党が対立し、一方国民の間でも、それぞれの意見が存在した。

エ　このような状況下で、原告が詠んだ「デモ」は、政府の九条解釈に反対するための意思を示すものである。

オ　ところで、公民館には、その性質上、党派性の無いこと、中立性、また、公平性等が求められる。例えば、社会教育法第二三条は公民館が特定の政党の利害に関する事業を行い、又、公私の選挙に関し、特定の候補者を支持することを禁じているのもこの趣旨からである。

カ　三橋公民館と桜木公民館は、以上のような事情及び「バラエティに富んだ親しみやすい公民館だより」という方針等を考慮した上、本件九条俳句を掲載しなかったものである。

さいたま市側の主張は多くの論点・問題点を含んでおり、ここですべてを扱うことはできないが筆者なりにいくつかの問題点を指摘してみよう。

まず第一は、『公民館だより』を社会教育法第五条一六号と位置づけている点である。第五条は「市町村教育委員会の事務」を定めたものであって、本来、教育委員会の事務と教育機関の事業は区別されなければならず、「公民館だよりの発行」は明らかに第二二条（公民館の事業）に規定された一号から六号に関連する事業として位置づけられる。(5)

現実には、教育委員会事務局の社会教育行政部局がさまざまな事業を展開していること、この間の社会教育法「改正」のもとで「事業の実施」(たとえば二〇〇一年法改正による一二号、二〇〇八年法改正による一四号・一五号)が新設されてきていることなどが挙げられるが、かつて文部省(当時)は「市町村教育委員会は、公民館その他の社会教育施設の充実に努め、これらの施設を通じて社会教育事業を行なうことを原則とし、直接市町村住民を対象とする社会教育事業を行なうことはできるだけ抑制すること」(「社会教育審議会答申『急激な社会構造に対処する社会教育のあり方について』の写しについて」(昭和四六・五・一五・文社社第一〇五号、社会教育局長通知より)と指摘していたのである。

社会教育法は、第五条(市町村の教育委員会の事務)、第六条(都道府県の教育委員会の事務)、第二二条(公民館の事業)というように、教育委員会の「事務」、教育機関の「事業」というように明確に区別している。「事業」とは「一定の目的の下に同種の行為を反覆継続的に行い、その行為が権力の行使を本体としない場合をさす(昭二六・六・二九地社一六社会教育局長)であって、まさに社会教育の自由と自治にもとづいて自律した教育機関のもとで展開されることが望ましく、教育委員会事務局はその事業展開を支えるための「環境醸成」責務に徹すべきであるからである。

第二は、「『公民館だより』については、教育長から専決の権限を与えられた桜木公民館長の判断によって行うもの」という主張である。(6) 地区公民館である三橋公民館が属する大宮区の拠点公民館は桜木公民館であり、さらにその上に全市を対象とする中央公民館として生涯学習総合センターが位置づく。このようなヒエラルキー構造のもとで、「さいたま市公民館条例施行規則」(平成一五年三月二七日、教育委員会規則第一六号）では、地区公民館・拠点公民館のそれぞれの所掌事務を「第五条　地区公民館の所掌事務は次のとおりとする。⑴　地区公民館の備品管理に関すること。⑵　地区公民館事業の実施に関すること。⑶　社会教育関係団体等との連携及び交流に関すること。⑷　地区公民館の施設利用に関すること」「第六条　拠点公民館は、地区公民館の所掌事務のほか、次の事務を所掌する。所管する地区公民館（拠点公民館を含む。第四号及び第五号において同じ）の予算執行に関すること。⑵　所管する地区公民館事業の指導及び助言に関すること。⑶　所管する地区公民館その他関係機関との連絡調整に関すること。⑷　所管する地区公民館の維持管理に関すること。⑸　所管する地区公民館の目的外使用及び貸付けに関すること」としている。

今回の事件は、先述したように地区公民館の権限が明らかに後退した状況のもとで起こっている。しかし、「地区公民館の所掌事務」として「地区公民館事業の実施に関すること」（傍点筆者）が明記されているのであって、地区公民館事業の一環として『公民館だより』の発行が自律的に行われうることは「施行規則」からいっても自明である。

そして、第三は、社会教育法第二三条を援用して「公民館には、その性質上、党派性の無いこと、中立性、また、公平性等が求められる」として当該俳句の不掲載を正当化している点である。社会教育法制定時、寺中作雄は二三条の「政党的事業禁止の範囲」として「……併しながらいやしくも政党の事業と関係ある限り、何事も実施できないというのではない。すべての政党の公平な取り扱いによって公民館の活用を図る事は公民館の公共的利用に反することではなく、又公民教育の目的で各政党の立会演説会または各政党の人々が参加する討論会等を公民館の主催をもって行うことは公民館の趣旨に反するものではない。また、仮に一政党に公民館を利用させる場合でも常に公平平等な取り扱いをなす限り不当ではない」（『社会教育法解説』一九四九年）と述べていた。社会教育法第二三条二号は、公民館が「特定の政党の利害に関する事業を行い、又は公私の選挙に関し、特定の候補者を支持すること」を禁止しているのであって、憲法上保障された市民の政治的活動を禁止したものではない。現行教育基本法第一四条（政治教育）においても「良識ある公民として必要な政治的教養は、教育上尊重されなければならない」（傍点筆者）と規定している。教育施設である公民館こそ政治教育が豊かに展開されなければならないのである。

なお、公民館報の持つ意義や役割については、第六期さいたま市公民館運営審議会答申「社会変化に対処する公民館のあり方について」において「……(4)啓発・広報活動の推進　公民館に対する理解と関心を高め、利用を促すために、あらゆる機会と場を捉えて、啓発や広報活動に努めることが望まれる。公民館だより等は、いろいろ工夫して、継続的に回数多く出すのが望ましいと言える。単なるお知らせだけに終わらないで各種の学習活動の現状や成果の紹介、地域の歴史・文化・自然・産業など、また地域の課題や住民の生の声を取り上げたり、地域のニュース性のあるものを盛り込み、公民館に親しみを持たせ、活動への参加を促し、コミュニティづくりの拠点としての機能を高めていく必要がある」（平成二五年一〇月）とまとめられ、さらに事件の渦中にあった第七期さいたま市公民館運営審議会は「市民の〈声〉が生きる公民館へ」（提言）において、「①公民館の目的の再確認を絶えず

行うこと　②公民館活動への市民の参加をさらに拡充すること　③市民に親しまれる公民館だよりの編集体制を整えること　④市民の信頼と期待に応える職員体制づくりにいっそう邁進すること」という極めて重要な四点を提言している。

地域住民にもっとも身近なところに設置されている地区公民館を市民と職員との共同の努力のもとで充実させることこそ、求められているといえよう。

2　住民の学びの自由と自治を保障するもの

二〇一六年は、戦後荒廃した国土の平和的民主的再建をめざして発出した、文部事務次官通牒「公民館の設置運営について」（一九四六年七月五日）からちょうど七〇年である。「町村振興の底力を生み出す場所」（次官通牒）としての公民館は、住民の学びを通して住民自治力を高め、地域づくりに貢献してきた。そして、今日、地域・自治体においては、公民館など社会教育施設と地域住民組織の再編を伴いながら、まちづくり・地域づくりをすすめるコミュニティ行政に自治体社会教育行政が包摂されていく事態も生まれている。しかしながら、あらためて地域住民の学びの自由と自治を保障する観点から問題をとらえ返す必要があろう。社会教育の自由と自治を守り保障するために、一般行政から独立した教育委員会制度があり、その教育委員会のもとに公民館などの社会教育施設が設置されていることの意味を今日の政治的社会的文脈のもとに位置づけ直してみることが重要である。

自治体の公民館体制は、条例設置公民館のほかに、公民館分館・町内公民館・集落公民館・字公民館などの自治公民館体制を豊かに有しているところも少なくない。全国各地の公民館には、地域・自治体の歴史が深く刻印されているのであって、その歴史をふまえつつ未来を見通していくことが不可欠である。

戦後日本の社会教育史においては、民主的な社会教育をめざしてさまざまな実践と思想が蓄積されてきた[7]。たとえば一九六三年に大阪府枚方市教育委員会「社会教育をすべての市民に」(「枚方テーゼ」)では「①社会教育の主体は市民である。②社会教育は国民の権利である。③社会教育の本質は憲法学習である。④社会教育は住民自治の力となるものである。⑤社会教育は大衆運動の教育的側面である。⑥社会教育は民主主義を育て、培い、守るものである」とまとめられている。それぞれの項目を今日的文脈で再解釈することが必要であるが、地域と日本と世界の未来を創造するカギは地域住民の学びであることを再確認したい。

注

(1) さいたま市三橋公民館は一九四九年九月一日に設立。合併前の旧大宮市の公民館で一九館中一一館が同時に設立されている。『創立五十周年記念誌』(埼玉県公民館連合会、二〇〇一年三月)より。三橋公民館は小学校との併設館で現在の職員体制は館長・主幹・主査・非常勤職員の四人。『三橋公民館だより』は現在四二四号(三六年前から発行)、俳句掲載は三六三号(二〇一〇年一一月号)から。

(2) 片野親義「さいたま市における合併問題と社会教育・公民館」『月刊社会教育』二〇〇三年六月号、国土社より。なお、二〇〇三年から公民館事業費は区役所コミュニティ課から支出されていたが、現在は教育委員会に戻っている。また、現在は、中央公民館として生涯学習センター、一〇の拠点公民館、四九の地区公民館の六〇館体制になっている。

（3）長澤成次「地域の未来を築く公民館と教育委員会」『月刊社会教育』二〇〇四年四月号、国土社、を参照のこと。なお、政令指定都市における公民館体制は、多くのところで区行政を梃に、公民館体制の再編・合理化が行われてきた。たとえば一九九二年に政令指定都市になった千葉市では二〇〇〇年四月に六つの区ごとに中核公民館を配置する体制に移行し、それまで全館に配置されていた公民館運営審議会を中核公民館ごとに配置して公運審を削減した。ただし、千葉市の場合は現在四七館すべてに公民館運営懇談会を配置し、課題を残しつつも公民館運営に住民参加方式をとり入れている。

（4）原告側は、「さいたま市の掲載拒否の事実ないし掲載拒否の態様が、学習権・表現の自由・人格権・掲載される権利・公の施設利用権（五つの権利）を侵害し違法である」（「求釈明書」二〇一六年一月二九日）と主張している。

（5）公民館報の持つ意義については長澤成次「地域に学びと自治を創る公民館報の可能性」『月刊社会教育』二〇一〇年六月号、国土社を参照。

（6）さいたま市教育委員会事務専決規程（平成一五年三月二七日、教育長訓令第一号）、（地区公民館長の専決事項）第五条　地区公民館長（拠点公民館を除き、常勤の者に限る）の専決事項は、次のとおりとする。⑴　地区公民館の利用の許可、⑵　市専決規程別表第二の二　人事・服務の表、第一項から第六項までのうち、課長の専決事項。

（7）たとえば、千野陽一監修、社会教育推進全国協議会編『現代日本の社会教育　社会教育運動の展開』エイデル研究所、一九九九年。

第8章

地域に学びと自治を創る公民館報の可能性

「……皆さんと直接関係ある町政も一部有識者だけの政治ではありません。皆さんの政治です。それ故、その政治の良し悪しは、皆さんの責任でもあります。責任ある以上、日常町政に対して厳しい批判と、建設的意見を持つことは皆さんの義務ともいえましょう。そこで今回発刊された、千倉だよりは、町政の現状を町民によく知って頂き、更に皆さんから建設的な批判、意見を多々承る通信的使命と、皆さんの学習の一助となる様な資料を提供する意味に於いてのものであると共に老幼男女、一家団欒の糧ともなる様なものであるように心掛けて行きたいと思います。どうか、この新聞が真に町の発展の礎となり、日本の政治の行く手にかすかながらも一条の光明を点じてくれますならば、幸之にこしたことはありません。……」公民館長・関口鐵四郎「発刊にあたり」（千倉町公民館『千倉だより』一九五五年二月一七日）より。

はじめに

この文章は、今から六一年前に千葉県千倉町公民館が発行した公民館報『千倉だより』[1]からの引用である。タブロイド版二頁立て（後に四頁、年四回発行）の創刊号には、小谷三之助町長による「進路の燈臺として―町造りに一役を期待」という一面トップの記事とならんで、「衛生モデル地区に大川を指定」「好結果の東京視察―千歳地区婦人会」「小作料決定の調査―二月中に実施」「魚と港と船」「たのしいぼくらの日曜子供会」「作文　公明選挙を思う　健中三年　押本貢一」など、当時の町の話題が掲載されている。

創刊号で公民館長が記述した公民館報の役割、すなわち、「日常町政に対して厳しい批判と、建設的意見を持つこと」、「町政の現状」を伝え、「建設的な批判、意見を多々承る通信的使命」と「皆さんの学習の一助となる様な資料を提供する」こと、そして「一家団欒の糧」（ややなつかしい響きになってしまったが）であるという性格や役割は、今日からみても色あせていない。ここでは、いま、全国各地の公民館で発行されている公民館報、あるいは、これから公民館報を発行しようとしている公民館に、館報をめぐる歴史的な経緯にもふれながら、あらためて、地域に学びと自治を創る公民館報の可能性について提示しようとするものである。

1　自治体広報紙（市町村報）と公民館報の歴史的関係をめぐって

戦後、文部次官通牒「公民館の設置運営について」を契機に、全国各地に設置がはじまった公民館であるが、同通牒には、「公民館の編成及設備」として、教養部、図書部、産業部、集会部をおくことが例示され、「その他の事業」として、館報という言葉は出てこないものの、「啓蒙的新聞、パンフレット等を作製頒布すること」という文言が見られる。

各地で刊行されている「公民館周年史」などをひもとくと、公民館設置の経緯とともに、発行された公民館報（創刊号など）の写真などが掲載され、公民館報に関する歴史的経過を知ることができる。たとえば、『福井県公民館史』（福井県公民館連合会、一九八〇年）には、「公民館報の草分け（昭二五年）」として「殿下のかじか　鯖江のみじかな草　杣山の杣山だより」の写真が掲載され、「かじか」については、一九四七年に優良公民館表彰を受けたときに殿下村で『村の新聞』が発行され、それが後に公民館報「かじか」になったと伝えている。

このような「村の新聞」（町報・村報）と公民館報との関係について、『長野県公民館活動史』（長野県公民館運営協議会、一九八七年）では、「昭和二二年頃から『町報・村報』的なものが発行されていた市町村が、公民館設置に伴い公民館の情報を掲載し、その後二四、五年頃から公民館報として発行されていた。また、町報的なものがなかった町村は公民館を設置したのを契機に、町村広報と兼ねて公民館報を発行している」と記述され、『松本市公民館活動史―住民とともに歩んで五〇年』（松本市中央公民館、二〇〇〇年）においても、「公民館発足期に行政における広報（村報）を中心とした公民館報が昭和二三年から二六年にわたって発行されていった。館長が村長の兼務であり、経費などのこともあって、そうした形態をとらざるを得なかった一面もあるが、『社会教育法』が制定され『公民館設置条例』などにより、公民館の本格的発進に伴い、公民館報も住民参加による編集委員会体制がとられ、館報本来の目的である住民への問題提起や学習教材を提供する内容へと次第に変わっていった」と記述されている。

いずれにせよ、公民館報と町報・村報との関係は、戦後初期の未分化な状態から、徐々に公民館報としての独立発行の体制が形づくられてきたといえよう。この点について、公民館研究会編による公民館運営双書五集『公民館質疑応答集　第一編・行財政篇』（一九五八年）が、Q＆A方式で、次のように記述している。すこし長いが引用してみたい。

問　市町村報と公民館報を一本にするのはどうでしょうか。

答　市町村報は、条例、規則、告示等公示を要するものについて住民一般に公表したり、その他市町村行政の施策を住民一般に知らせることを目的とする定期刊行物であり、一方公民館報は、公民館の事業を住民に広く知らせると同時に各種の情報や資料（市町村当局の情報資料も含む）を提供し、併せて住民の社会教育に資することを目的とする定期刊行物であります。両者の性格は以上のようなものでありますので、一部分については重複したり、相連関したりするところもありますが、本質的に目的及び性格が異なっておりますので、公民館報は市町村報と切り離し、充分教育的な配慮の下に自主的に刊行し配布するのがよいように考えられます。なお、公民館報の刊行・配布に当っては、社会教育法第七条及び第八条の趣旨に基いて、教育委員会と市町村長が緊密に連絡協力し合うことが望まれるわけです。（傍点筆者）

公民館の行政的位置づけについては、一九四八年に教育委員会法（旧）が制定されて、公民館は一般行政から離れ、教育委員会のもとにおかれることになる。教育の自主性と国民に対する直接責任性を謳った一九四七年教育基本法第一〇条（教育行政）を直接受け、その制度的保障として生まれた公選制教育委員会制度のもとにおかれた公民館であったが、五〇年代の「昭和の大合併」、一九五六年の任命制教育委員会制度の発足、一九五九年の社会教育法「大改正」、高度経済成長や六〇年代の地域開発の進行などで、地域や社会教育は大きく変貌し、さまざまな矛盾が噴出するようになる。公民館主事の不当配転の頻発など[2]、公民館の自立性と住民の学習権を保障する社会教育労働の専門性が鋭く問われ、同時に公民館報も行政から圧力を受ける事例も生まれてきた[3]。公民館報の自主性や自由が鋭く問われるようになってきたのである。

2　公民館報の自主性と自由を担保する編集権の独立

一般行政から独立した教育委員会のもとにおかれている公民館は、自律した社会教育機関としてその事業も自律的にすすめていくことが求められる。公民館報発行についても、そのことは言えるのであって、住民参加の編集委員会を通して、自主的かつ自由な雰囲気のもとで館報が編集される必要がある。

よく知られているように一九四九年一月一日に創刊された群馬県笠懸村公民館『笠懸公民タイムス』は、住民参加の編集、編集権の独立、公費負担、教育委員会規則による制度面での保障、そして何よりも地域と向き合う編集内容で、公民館報のモデルといわれてきた。ところが、二〇〇六年四月に旧大間々町と旧東村と合併して「みどり市」になったのを機に「財政上の理由」から、五二七号をもって廃刊される。

「地域に根ざした公民館活動に役立つ公民館報のあり方を求めて—『きよさと』『公民タイムス』に学ぶ」(4)によれば、それまでにもタイムスは休廃刊宣言を三回出している。「一度は三〇年に町村合併問題の時で、批判的な声を多く扱ったとして廃刊、三ヶ月後復刊。二度目は三二年に有線放送設置の時で、広報は有線で充分という考えからタイムス不要論が出たためであったが、目で見られ記録に残ると復刊の声が強く二年八ヶ月後復刊。三度目は四一年から四四年後期まで休刊、これは公民館職員の配転問題で館長と公民館執行部全員が辞任したためであった。しかし、タイムスは必ず復刊している。その力は何か、それは住民がいつでもタイムスを支持し続けたからにほかならないし、自治の主役は住民だと訴え続けたタイムスそのものの力であると思う」と指摘している。

現在は、廃刊された『笠懸公民タイムス』にかわって、その精神の継承を強く意識した市民の方たちによるインターネット新聞「ＷＥＢタイムス笠懸」（http://www.ne.jp/asahi/web-times/kasakake/index.htm）が発刊され、さらに、『かさかけ公民館だより』（編集／笠懸公民館報編集協力員会・みどり市笠懸公民館、発行／みどり市笠懸公民館）も新たな編集体制のもとで復刊、継続発行されている。

笠懸の事例をみるまでもなく、公民館報は、地域・自治体の歴史と無縁ではなく、むしろ極めて強く影響を受けざるを得ない状況におかれている。幾多の困難を越えてきた『笠懸公民タイムス』の精神は、いつも一面に掲げられていた「公民タイムスは村民の声の広場として住みよい地域づくりにつとめます」という住民自治の精神である。そして、その住民自治を担保する仕組みこそ、『笠懸公民タイムス』がつくりあげてきた公民館報における編集権の独立であり、公費負担の原則である。

公民館報の自主性や自由を大きく担保しているのは、教育委員会制度である。しかし、いま、教育委員会制度をめぐってはさまざまな議論がなされている。たとえば二〇〇九年の「民主党の政権政策Manifesto 2009」では、「現在の教育委員会制度を抜本的に見直し、教育行政全体を厳格に監視する「教育監査委員会」を設置する」とされ、また、地方分権改革推進委員会第一次勧告「生活者の視点に立つ『地方政府』の確立」（二〇〇八年五月二八日）では、教育委員会制度の「設置の選択性」などが提唱され、第二次勧告「『地方政府』の確立に向けた地方の役割と自主性の拡大」（二〇〇八年一二月八日）では「義務付け・枠付けの見直し」として、たとえば社会教育法第一二条（国及び地方公共団体との関係）・第一五条二項（社会教育委員の構成）・第二三条（公民館の運営方針）・第三〇条一項（公民館運営審議会委員の構成）や図書館法（一五条・一七条・二六条）、博物館法（一〇条から一五条、二一条）を「存置を許容するメルクマール」に該当しない、要するに削除の対象としているのである。

特に、社会教育の自由を規定している社会教育法第一二条（国及び地方公共団体との関係）「国及び地方公共団体は、社会教育関係団体に対し、いかなる方法によっても、不当に統制的支配を及ぼし、又は事業に干渉を加えてはならない」については、公民館報の自由な編集を担保するものであり、極めて重大な動きであるといわざるを得ない。

さらに、公民館報の自主性や自由の問題を考えるとき、この間の公民館や社会教育行政の首長部局移管がどんなに危険な動きであるかは想像に難くない。「日常町政に対する厳しい批判」は影をひそめるにちがいない。もちろん、公民館報は、さまざまな角度から住民の声をとりあげ、論争的な事柄については、多面的な資料提供が重要であって、住民の学習教材としてもその真価を発揮しなければならない。

3　地域に学びと自治を創る公民館報の可能性

一九四六年に文部次官通牒によって全国に設置が呼びかけられてから七〇年。全国の公民館に蓄積されてきた公民館報は膨大な量になるにちがいない。そこに描写され、刻印された人々の思いや願い、暮らしや地域の課題、そして公民館活動の様子は、そのまま、地域・自治体史と公民館史を構成し、体現している。公民館報は、地域の現在（いま）を切り取る作業を通して、結果的に地域・自治体の歴史を創る営みに参加しているのである。そして、その作業には、必ず住民と公民館職員の学びがあり、その学びが自治の力を生みだしている。たとえば長野県山形村公民館報『館報やまがた』は、館報を通して、市町村合併問題に対する学びと自治を具体的に生みだした事例であり、「国や政治の話題を身近なこととして考えよう」という趣旨で、集団的自衛権をアンケート方式で特集した千葉県君津市周南公民館報『ひろば』は、学びの素材を住民に提供する試みとして貴重な事例といえよう。

地域の情報交流拠点としての公民館をめぐっては、さまざまな電子媒体が発達し、インターネット上においても双方向の広報活動が可能になってきている現在、公民館報の果たす役割も変化しつつあるようにも思われる。しかし、住民の編集による手づくり感あふれる紙媒体のもつ優位性（保存性やアクセス性）を活かす努力をしつつ、住民の学びと自治を喚起する公民館報を生み出すことが求められている。

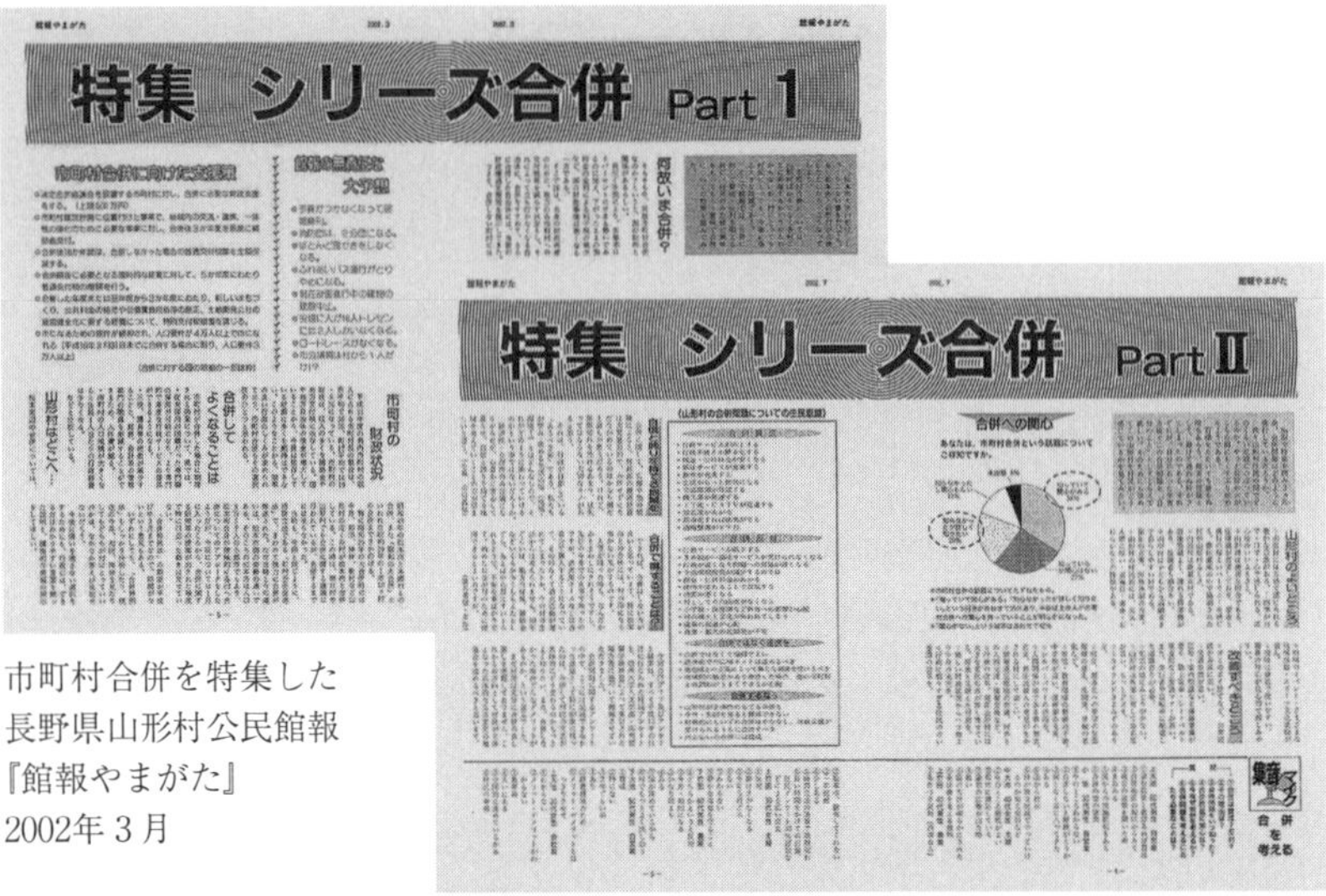

特集　シリーズ合併　Part 1

特集　シリーズ合併　PartⅡ

市町村合併を特集した
長野県山形村公民館報
『館報やまがた』
2002年３月

周南公民館報「ひろば」

身近に感じてますか？

集団的《しゅうだんてき》自衛権《じえいけん》

集団的自衛権をアンケート方式で特集した千葉県君津市周南公民館報『ひろば』
第236号、2014年９月４日

公民館報の豊かさは、その公民館活動の豊かさの反映であって、その逆ではない。学級・講座中心の公民館は、学級・講座のお知らせ中心の館報になってしまうかもしれない。公民館活動が眠っては館報を出そうということにはならないであろう。学びを通して自治を生み出す公民館報は、地域の課題と地域に生きる人々と向き合う公民館から醸成されてくるものである。

おわりに

私の研究室に、今でも届けられる公民館報がある。住民とともに公民館報を編集し、定期発行・全戸配布を行っている千葉県君津市清和公民館の『館報せいわ』である。その『縮刷版』（一九八八年）刊行を期に寄せた文章の一部を掲げておきたい。

「清和の地に根を張り、人々の暮らしと文化をみつめ、生きた地域の情報を伝え、清和を担う人々の新しい生き方を励ます。——私は『館報せいわ』の果たしてきた役割、そしてこれから館報の果たすべき役割をこのように考えています。たとえば、猿害をレポートした第一四三号の編集委員会猿害特捜班の機動力を発揮した実態聞き込み……。また、それとも関連して行政の地域整備計画策定懇談会の動きを報じた記事（第一四二号）や、市議会議員と明日の地域像を探る記事（第一四四号）も住民が主人公となって地域づくりをすすめるうえで、不可欠の地域情報であると思いました。四面の子ども達の作文には公民館が地域の子育ての一翼を担っている姿が、紙面からにじみ出ているようで、あまり目立たないけれど、地域の人々との〝であい〟の場を提供している所に感動さえしてしまいます。

最後に何と言っても『官報せいわ』のすぐれた魅力は編集・発行を『館報編集委員会・清和公民館』としているところです。私は常々、公民館報の発展のカギは、住民参加の編集委員会であると言ってきました。館報を編集するお仕事は、職員にとっても住民にとっても大変な時間と労力を必要とします。しかし、その努力の中にこそ、清和の地域づくりの原動力が蓄積されつつあるのではないでしょうか。そして地域の本当の財産とも言える人々の輪（和）が生まれる発信源も、またここにあると思います」（第一四五号・一九八八年二月五日）。

注

（1）私の手元にある『千倉だより』は、第一号から第五〇号まで（欠号は第四号、第八号から第一九号）で、千葉県公民館連絡協議会主事部会主催の宿泊研修会のときに出会った職員からコピーをいただいたものである。なお、この時期に千葉県内の公民館がすべて公民館報を出していたわけではない。千倉町公民館（現南房総市）が一九五五年に公民館報を発行したころ、千葉県内においては、一九五六年で三一七館中三三館（一〇・四％）、一九五七年で三一九館中三一館（九・七二％）というデータが残っている。千葉県教育庁社会教育課・千葉県公民館連絡協議会『一九五六　千葉県の社会教育施設』『一九五七　千葉県の社会教育施設』より。

（2）千野陽一監修、社会教育推進全国協議会編『現代日本の社会教育——社会教育運動の展開』エイデル研究所、一九九九年や社会教育推進全国協議会『不当配転を闘うための手びき』一九八三年などを参照。

（3）手塚英男「戦後の熱気と住民の主体性を伝えた公民館の歴史」『たぁくらたぁ　戦後六〇年記念　公民館報に

みる戦後』二〇〇五年八月、第六号を参照。

（４）『昭和五九年度群馬埼玉千葉社会教育主事講習研修集録』『笠懸公民タイムス　縮刷版第Ⅱ号』一九八七年に所収より。

第9章　東日本大震災に公民館はどう対応したか

はじめに

二〇一一年三月一一日の東日本大震災以降、地域・自治体における社会教育施設と社会教育職員の活動や対応の実相がさまざまな形で語られ、また記録に残されつつある(1)。

災害時にその機能を期待されている公民館などの社会教育施設は、東日本大震災とそれに続く原発事故を通して、施設そのものが破壊されるという壊滅的な被害をうけた施設もあれば、避難所として機能した施設、あるいは帰宅困難者を受け入れた施設など、地域の状況に応じてさまざまな役割を担った。

たとえば、人的被害において死亡者三四〇人・行方不明者八〇人を出し、壊滅的な被害を受けた岩手県大船渡市(2)は、中央公民館と一二の地区公民館、そして一三〇を超える自治公民館が設置されているが、自主防災組織が機能して地域住民の生命を守るという点で大きく貢献した公民館もあった。大船渡市の公民館に対する地域住民の思いは、象徴的には仮設住宅における地域公民館の設置によく現れている。集会所ではなく公民館設置を求める住民意識の奥には日常的な公民館活動の確かな「記憶」が存在していると思われる。

筆者が学生とともに調査した千葉県内公民館の対応をみても、[3] 地震直後、弱い立場の地域住民（子ども、高齢者、外国人……）の公民館への避難事例が数多く見られた。今後もより詳細な調査が必要であるが、公民館は災害時に地域で対応する拠点施設としての役割を期待されているといえよう。

その公民館の持つ可能性を現実性に転化させる要件として、地域における住民の学び・文化・自治の公共空間としての公民館が有している日常的な活動の豊かさと、その活動を支える具体的な施設整備や職員体制などを挙げることができる。公民館が地域に住む住民にとってかけがえのない施設であり、誰にでも開かれた公共空間として存在するためには、災害時における危機管理も含めて、公民館において展開される学び・文化・自治活動等を含む社会教育的営為とそれを保障していく法や制度・仕組みのあり方も同時に問われなければならない。なぜならば現実の公民館機能と「法・制度・仕組み」とは相互浸透的に規定しあう側面を有しているからである。

本章では、地域における学び・文化・自治の公共空間としての公民館の可能性を浮き彫りにするために、『東海新報』（岩手県気仙地方／大船渡市・陸前高田市・住田町をエリアとする地域新聞）における公民館関連記事を手がかりに公民館の課題を仮説的に論じようとするものである。

１　大船渡市公民館は東日本大震災にどう対応したか

１　大船渡市公民館体制と自治公民館活動

ここでは、上述したように、岩手県気仙地方の地域新聞である日刊紙『東海新報』における公民館関連記事を通して地域における公民館活動を検証してみたい。もちろん、本来ならば当該地域・自治体における公民館の綿密な調査が必要であるが、全体としては予備的な調査であることをあらかじめお断りをしておきたい。

大船渡市における公民館活動にふれる場合、前提的におさえておかなければならないことがある。それは前述したように、同市の公民館体制は、条例設置された一三の公民館と一三〇を超える地域公民館（自治公民館）の二層構造からなっているという点である。

自治公民館の存在形態は、その名称も含めて都道府県や市町村によって大きな違いがあり、条例設置の公民館とちがって自治公民館の形態や数を把握するのはなかなか困難である。(4)

岩手県における自治公民館数は、一九六四年に七一四、一九九三年に二八三三館(5)という数字が出ているが、このような岩手県における自治公民館体制は「岩手方式」と名づけられていた。すこし長いが引用してみよう。

「……本県においてはその自然的、社会的条件の特質から、公民館配置の一般原則の適用は困難であり、いわゆる岩手方式といわれる配置方式をとってきたのである。その第一点は、地域社会教育活動の基礎単位を小集落におき、ここに公民館類似施設たる部落公民館をすべて設置し、このうえに中学校区を単位とする本館を設置し、これに機動力すなわち移動公民館（自動車）を付与して部落公民館に対するサービスと広域社会教育のセンターならしめようとするものであった。……」。

「次は、公民館類似施設たる部落公民館である。公民館は、市町村の条例によって設置される社会教育機関であり、社会教育法により設置根拠が明示されているが、これとは別に地域を中心とした行事活動や課題解決のための集会所的な施設が、自然発生的に部落や町内に設置され、村づくり、町づくりの拠点としての公民館的役割を果たしてきた。社会教育法によれば、これらの施設は一括して公民館類似施設と呼ばれているが、本県にあっては、農林行政における農漁家振興対策あるいはこれと不離一体のかたちで推進されてきた、村づくり・新生活運動との関連において、過去五年にわたり一館一〇万円の建築助成によって、計一三〇館の整備が行なわれ、現在すでに適正配置の試算によって本館および分館から転用されてくるものと合計すれば七一四館となっている……」（岩手県教育委員会『教育基本計画』一九六四年より）。

このように歴史的に展開されてきた岩手県の公民館体制であるが、本章が対象とする大船渡市では旧町村単位に地区公民館が設置され、また集落ごとに地域公民館が配置されるという体制が形成されてきた。

その大船渡市における公民館活動に関わって筆者の心を大きく揺り動かしたのが、震災後三か月ほど経った二〇一一年六月七日付『東海新報』の記事であった。「心の『絆』だけは永遠に　大津波で地域の八割が移住、内田公民館が解散」という見出しのもと、地域公民館のひとつである内田公民館が津波によって流され、まさに地域の絆のシンボルであった公民館を「解散」せざるを得なかった状況が伝えられていたのである。

内田公民館のように被災した地域公民館は三三施設にのぼる（二〇一二年五月一五日付『東海新報』より）とされるが、その後、全国から、あるいは国際的な支援も受けて地域公民館の改修・再建がすすみつつある。なかでも注目すべき事例は、前述した仮設住宅内に公民館が設置されるという事例である。

大船渡市猪川町《いかわちょう》轆轤石《ろくろいし》応急仮設団地内では「地域的なつながりのない入居者同士が相互扶助の精神を共有しながら交流、親睦を図り、新しい地域社会を構築しよう」と「ろくろ石地域公民館」が設立され（二〇一一年一二月六日付『東海新報』）、大船渡市応急仮設団地・長洞《ながほら》団地内では「新たな人のつながりを形成するための場が必要」と長洞地域公民館が設立されている（二〇一二年一〇月一三日付『東海新報』）。仮設住宅に集会所ではなく地域公民館を設置するこれらの事例は、地域住民の公民館への熱い思いとともに、大船渡という地域・自治体の持つ歴史的蓄積への言及抜きには語れない事例であろう。

2 東日本大震災以降の大船渡市公民館の対応とその特徴

三・一一の地震発生時以降、各避難所における状況が『東海新報』によってまとめられている。三月一五日付では二一公民館、一六〇九人であるが、三月一八日付では四四公民館に三三二七人と公民館への避難者が増加しているのがわかる。四月一〇日付では、気仙地区避難所支援要望リストが掲載されているが、避難所となった公民館がいま支援物資として何を必要としているのかが示されている。避難所生活が地域住民にとって過酷なものであったことは想像に難くないが、二〇一一年八月三〇日付「気仙の全避難所が閉鎖」という記事によって大船渡市では東日本大震災から一七〇日後に避難所が「閉鎖」され、そのことによってそれまで避難所であった公民館の「再開」の可能性が生まれたことがわかる。それは公民館としての日常性の回復といってもよいだろう。おそらく大船渡市の一三の地区公民館、一三〇余の地域公民館が「再開」まで具体的にどのような経過をたどったのか、そこに注目することによって単に施設としての公民館にとどまらない地域住民との関係性が見えてくるに違いない。なぜならば、それこそ避難所としての空間そのものが公民館活動そのものであった事例(たとえば、赤崎地区公民館の事例)も見られるからである。

避難所が「閉鎖」された後の大船渡市公民館関連の記事は、およそ四点にまとめることができよう。それぞれが関連しているので一概にまとめることはできないが、一つは、震災からの復興をめざす活動であり、二つめは、公民館の日常的な学習・文化事業に関わる事業であり、三つめは、小正月や元服式などの地域の伝統行事に関することであり、そして四点めは、公民館そのものの改修・再建に係る記事である。

地区公民館と地域公民館ではもちろん事業内容は異なると思われるが、まさに地域の学びと文化と自治の公共空間として公民館が存在していること、そして、何よりも甚大な被害を受けた地域公民館再建が各所ですすめられているところに大船渡市公民館活動の底力を見ることができる。

なお、大船渡市では「地域住民の集団活動、学習活動及び集会等の場として、地域コミュニティの維持及び再生に資するため、東日本大震災により被災した建物の修繕、新築若しくは移築をし、又は代替の建物を取得する地域公民館に対し、予算の範囲内で、大船渡市補助金等交付規則（平成一三年大船渡市規則第五六号。以下「規則」という）及びこの要綱により補助金を交付する」ことを目的として「東日本大震災により被災した地域公民館整備事業費補助金交付要綱」（平成二四年五月一五日告示第九五号）を策定している。

また、公民館運営における住民参加という点では、大船渡市立公民館設置条例（平成一三年一一月一四日条例第四九号）第四条（審議会の設置）「法第二九条第一項の規定に基づき、公民館に大船渡市立公民館運営審議会（以下「審議会」という）を置く」に基づいて公民館運営審議会が設置され、委員構成については「第五条（委員）審議会は、委員三〇人以内をもって組織し、委員は、学校教育及び社会教育の関係者、家庭教育の向上に資する活動を行う者並びに学識経験のある者の中から教育委員会が委嘱する。二　審議会の委員の任期は、二年とする。ただし、欠員が生じた場合における補欠委員の任期は、前任者の残任期間とする」と規定されている。中央公民館以外の一二の地区公民館には公民館運営委員会がおかれ、さらに地域公民館においても運営のための組織が置かれている。いわば公民館における重層的な住民参加システムが存在しているところに大きな特徴があるといえよう。

3 『東海新報』紙上における大船渡市公民館関連記事

あらためて地震発生以降の公民館に関わる記事を時系列的に掲載してみたので参照されたい。

【二〇一一年】

三月一一日　午後二時四六分地震発生。(6)

三月一五日　六〇施設に八三四七人避難、内二一公民館に一六〇九人避難（一九・三％）
　　＊筆者が記事をもとに集計。

三月一八日　一二七施設に九五四七人避難。内四四公民館に三三二七人避難（三四・八％）
　　＊筆者が記事をもとに集計。

三月二〇日　大船渡市末崎町三十刈《さんじゅうかり》公民館の自主防災組織がフル回転。(7)

四月一〇日　気仙地区避難所支援要望リスト・人数は避難者数（在避難所／在宅）
末崎町中野地域公民館二〇人（二〇／〇）＝野菜・魚類、碁石公民館一三〇人（四〇／九〇）＝靴（大人用）・野菜、峯岸公民館七八人（二八／五〇）＝敷布団・軽めの掛布団各五〇枚ほど、船河原公民館四七人（三／四四）＝現状不足なし、上山公民館五〇人（三〇／二〇）＝自転車・二層式洗濯機、大船渡地区公民館七六二人（二九二／四七〇）＝下着類・物資保管用の倉庫・靴（スニーカ

ーなど）、南笹崎公民館一二人（一二／〇）＝下着類と衣類・靴（長靴など）・洗濯機など、後ノ入《のちのいり》地域公民館二九〇人（二七／二六三）＝電気釜・水・靴、蛸の浦地区公民館一二〇人（一二〇／〇）＝使い捨てゴム手袋、南区公民館一二三人（三二／九一）＝電気、上甫嶺《かみほれい》公民館三八人（一九／一九）＝たばこ・電気、崎浜部落公民館四五九人（九／四五〇）＝現状不足なし、仲区公民館五四人（三九／一五）＝現状不足なし

＊筆者が記事をもとに集計。

四月二六日　赤崎漁村センターで避難訓練（二四日、赤崎地区公民館）
五月一〇日　越喜来《おきらい》泊地区公民館仮設公民館完成（七日、東海大学）
六月七日「心の『絆』だけは永遠に　大津波で地域の八割が移住　内田公民館（末崎町）が解散」（五日、大船渡市末崎町の内田地域公民館・新沼眞作館長、四八世帯）
七月二日　災害支援ボランティアベース発足（大船渡市立立根《たつこん》地区公民館）
八月三〇日「気仙の全避難所が閉鎖　大船渡地区館もゼロに　東日本大震災発生から一七〇日」（二八日）
一一月二四日　表千家大船渡清和会・無料茶会（大船渡市大船渡地区公民館）
一二月六日　大船渡市猪川町轆轤石応急仮設住宅団地内にろくろ石地域公民館と命名（四日）

【二〇一二年】

一月一〇日　大船渡市赤崎町の佐野契約会による第一六二回元服式（中学三年生一九人、澤田地域公

民館）
一月一〇日　小正月行事（九日、大船渡市盛町の桜場地域公民館）
一月二〇日　大船渡市地区公民館連絡協議会研修情報交換会（一七日、奥州市の事例）
二月一二日　三陸地区乳幼児学級（大船渡市立中央公民館主催、吉浜こども園・越喜来幼稚園）
二月一六日　大船渡市立中央公民館復興支援文化活動事業「そば打ち体験教室」（赤崎地区公民館）
三月七日　大船渡市応急仮設住宅団地・長洞地域公民館設立総会三〇名参加（四日、猪川地区公民館）
三月九日　報恩謝徳観音像制作（神戸大生一一円募金で、大船渡市赤崎地区公民館）
三月二二日「相模原発！　大船渡元気プロジェクト」（大船渡市大船渡町の大船渡地区公民館）
三月二三日　大船渡市立根町の立根地区公民館に電子ピアノ寄贈。
四月一一日　大船渡市末崎町の小河原地域公民館（八日、浜松市から支援）
四月二二日「舞台創作プロジェクト」（大船渡市立根町の下欠《したかけ》地域公民館）
五月三日　大津波記録集「平成二三年三月一一日平成三陸大津波（東日本大震災）その時私は……」（大船渡市三陸町の吉浜地区公民館）
五月一五日　大船渡市赤崎町の佐野地域公民館落成祝賀会（一三日、浜松市から支援、同記事によると大船渡市内の一三二の地域公民館のうち三三施設が被災）
五月二六日「後藤いく子あったかライブ」（二七日、主催／大船渡市三陸町の綾里地区公民館）
五月三一日　パネルディスカッション「震災と地域紙の役割―現場からの報告」（二五日、全国地域紙

交流会イン松本、長野県松本市）
六月七日　愛知県・大阪府生協ボランティアによる草刈り（大船渡市赤崎地区公民館）
七月七日　「花で復興、うるおいまちづくり」事業で仮設商店街に苗寄贈（大船渡市立中央公民館）
七月一一日　戸田市長に「地域公民館建設要請書」（大船渡市応急仮設住宅団地・長洞地域公民館）
一〇月一三日　大船渡市応急仮設住宅団地・長洞団地に長洞地域公民館（一二日）
一〇月一四日　「復興・共生のまちづくり勉強会」（さわやか福祉財団と大船渡市末崎地区公民館）
一一月一三日　「赤崎復興隊第一回の集い」（一〇日、中赤崎復興委員、公募一般委員、神戸大学ボランティアなどから構成、大船渡市赤崎漁村センター）
一一月一四日　大船渡市末崎町の神坂公民館落成祝賀会（一一日、NPO法人などの支援をうけて公民館復興建設委員会による改修）
一一月二七日　大船渡市地区公民館・地域公民館役員等研修会（二四日、カメリアホール）大和田館長が碁石地域振興協議会の活動について報告。
一二月一九日　長洞地域公民館「ペットのしつけに関する公民館」（一五日）
一二月二九日　二八日「内陸」復興に要望書（立根・猪川・日頃市《ひころいち》の地区公民館長）

【二〇一三年】

一月一〇日　大船渡市越喜来小学校・越喜来子ども園建設委員会（八日、委員長、坂本越喜来地区公民館長）

一月一三日　赤崎小・中学校建設委員会（一一日、吉田忠雄会長、赤崎漁村センター）

一月二三日　小学生の小正月行事（大船渡市立根町の町場地域公民館）四〇人参加

一月二四日　「被災地の高齢者を励ましたい」（二三日、盛岡市シニア仲間づくりサークル「これからだ倶楽部」による交流、大船渡市三陸町越喜来の崎浜公民館）

一月二五日　大船渡市大船渡町内の四つの地域公民館と社会福祉法人・典人会と防災協定締結（二三日）

一月二五日　中学三年生八人、「嘉永四年の定」を胸に刻む赤崎・佐野契約会元服式（大船渡市赤崎町の沢田地域公民館）

二月六日　「綿入れ講習会」（三日、大船渡市大船渡町の下船渡地域公民館女性部）

二月一七日　地区・地域公民館役職員への感謝状「生涯学習・市民運動のつどい」（一六日、カメリアホール）

二月一九日　「布ぞうりづくり」（大船渡市中央公民館、越喜来で教室開講）

三月一二日　第八回目の赤崎復興隊の集い（九日、漁村センター）

三月一九日　大船渡市三陸町綾里の岩崎地域公民館落成式（一七日、公民館は流出）

四月二一日　「地域拠点を移転新築」（二〇日、大船渡市末崎町の小細浦地域公民館の移転新築先で安全祈願祭、末崎町では一八地域公民館中七館が被害を受けた。それぞれ再建への動きを進めている）

五月二三日「碁石公民館に本部旗」(二二日、今年一月に届け出た同市末崎町の碁石公民館自主防災組織〔代表・村上隆樹同公民館長〕への本部旗交付式が行われた)

「同市では昭和五四年に大船渡町永井沢地域に市内第一号となる自主防災組織が誕生。……今回の碁石地区を含めると自主防災組織結成数は九五、結成地域公民館数は九七、会員数は合計で一万九〇八世帯、……市内の地域公民館数は一二七で、結成地域公民館数でみた組織率は二二日現在で七六・三八％」

2　学び・文化・自治の公共空間としての公民館をめぐる課題

以上、大船渡市を事例に大震災をくぐりぬけた地域における公民館活動を事例に考察してきた。条例設置公民館と自治公民館の二層構造を有している公民館体制であることを踏まえつつも今後の公民館活動をめぐる課題を述べてみたい。

まず、第一は、公民館における学びを創りだす際に、歴史的アプローチと現代的アプローチをクロスさせて取り組むという点である。具体的な学びの活動はさまざまなバリエーションが考えられようが、東日本大震災を経験したあとでは、私たち自身のタイムスパンの取り方が根底から問われたように思う。

大船渡市赤崎地区では、『赤崎村史料　復刻版』〔奥付には、東日本大震災から二年、平成二五年三月一一日（二〇一三年）復刻とある」が赤崎地区公民館・蛸の浦地区公民館・赤崎の昔を語る会によって刊行された。同書によれば「第十三　天災地変」の項で、慶長一六（一六一一）年一〇月二八日の地震津波から記述され、元和二辰（一六一六）年、延宝五（一六七七）年、宝暦元（一七五一）年、安永三（一七七四）年、寛政五丑（一七九三）年、安政三辰（一八五六）年の地震津波、そして明治三陸大津波の明治二九（一八九六）年六月一五日の地震津波によって赤崎村沿岸で四五七名の溺死者が出たこと等詳しく記述されている。

現代に生きる人々が歴史認識を媒介させることによって、未来を展望する学びを生み出そうとしていることがこの「復刻版」から感じられるのである。

第二は、大船渡市の公民館、特に自治公民館である地域公民館活動に見られるものであって、地域の伝統文化を継承していくとともに、公民館活動の総体を通して地域の個性的な文化を創造していくという点である。さらに東日本大震災では、施設そのものの解体・再建というプロセスを通じて公民館施設という公共空間があらためて自覚化されたことも大きい。

そして第三は、公民館が戦後誕生して以後、住民参加をめぐる法制度は後退してきているとはいえ、公民館運営審議会をはじめ、公民館活動はまさに住民自治力を高めることを目標としてきた。住民自治力による公共空間としての公民館をどう自治的に創造していくのかが問われている。大船渡市では住民にもっとも身近なところにある地域公民館の七六・三八%[8]に自主防災組織が立ち上がっているということの意味も大きい。それは、おそらく、公民館が自主防災組織だけではなく、学びと文化と自治活動の総合性をもった生きた公共空間として存在しているからであり、また、そのような仕組みをもっているからこそ、住民にとってはかけがえのない施設として存在してきているのである。そしてその公共空間を公共空間たらしめる要に、公民館職員ないしは地域公民館の館長ないし役員が存在していることも大船渡市の公民館活動から垣間見えたことでもあったのである。

注

（１）たとえば石井山竜平編『東日本大震災と社会教育　三・一一にむきあう学習を拓く』国土社、二〇一二年、千葉悦子・松野光伸著『飯舘村は負けない――土と人の未来のために』岩波新書、等を参照。
（２）大船渡市「東日本大震災による被害状況等について」（二〇一三年三月三一日現在）より。
（３）千葉大学教育学部社会教育研究室『千葉県内の公民館は東日本大震災にどう対応したか』（二〇一一年三月）、同『千葉県内の公民館は東日本大震災にどう対応したかⅡ』（二〇一三年三月）、同『千葉県内の公民館は東日本大震災にどう対応したかⅢ』（二〇一四年）を参照されたい。
（４）岩手県教育委員会『教育基本計画』一九六四年、二九六頁より。
（５）国井達夫「お祝いのことば」（岩手県社会教育連絡協議会『岩手県公民館史』一九九三年）より。
（６）第五一回社会教育研究全国集会における大船渡市赤崎公民館長吉田忠雄氏の発表「三・一一　東日本大震災の教訓」によると地震発生時の赤崎地区自主防災連合による対応経過は以下の通りである。「３月11日　14：46　地震発生。約１分後、隊長第１避難所の漁村センターへ走る。市防災担当職員３名駆けつけた、12日より２名加わり５名となる。15分後、第一波来襲（約５ｍ前後）。センター公園から津波の動き、引き潮の動きを観察。15：20頃引き潮始まる。３分後、第二波と思われる大波来襲、大川の濁流の速さ。15：25センター駐車場（海抜10ｍ）に津波が上がり車浮き上がる　即センター内に避難指示、同時に子供・お年寄り・女性を２階から更に屋根に移す。18：00一旦大津波が納まったので、全員を屋上から室内へ移す。漁村センターのライフライン不能（電気、水道、電話〔携帯含む〕、道路不通、完全孤立となる」と報告されている。

（7） 大船渡市末崎町では、「復興庁（文部科学省）の〝学びを通じた被災地の地域コミュニティ再生支援事業〟に、リアルな拠点〝ふるさとセンター〟をベースに、地域住民、地域出身者、この地域に関心のある方がＩＣＴを活かし情報共有と協働する〝デジタル公民館まっさき〟事業が採択されました。この計画は、末崎地区公民館、大船渡市教育委員会と全国から善意の支援を束ね、〝デジタル公民館まっさき〟運営協議会を組織し、事業を進めるプランとなっています」として「デジタル公民館まっさき」を発足させ「官報まっさき」を発行している。http://www.massaki.jp/?page_id=449 を参照のこと。

（8） 大船渡市防災管理室によると二〇一五年四月一日現在で一〇四の自主防災組織が結成されており、二〇一一年三月の市生涯学習課による地域公民館数一三二で除すと七八・八％の結成率となる。

特別報告

千葉県内の公民館は東日本大震災にどう対応したか

――千葉大学教育学部「社会教育演習」受講学生による調査から

「……特に強く思ったのは職員の対応の良さである。公民館では館長会議のためどこも不在で、職員が判断して指示を出していた。そのため大きな混乱もなく、けが人も出さないで安全に避難できていた。……特に屋敷公民館では利用者が子どももしかおらず、皆の保護者代わりにならなくてはいけなかったのだから、職員の方の苦労は想像以上だろう。公民館の職員に必要なものはこういった地域の人々を思う気持ちなのだと思う。地域の人々が求めている学びとは何か、必要なことは何か、地域を考え行動することが重要なのだと思う」（習志野市公民館調査をした学生の感想。千葉大学教育学部社会教育研究室『千葉県内の公民館は東日本大震災にどう対応したかⅡ』二〇一三年三月より）。

はじめに

二〇一一年三月一一日の東日本大震災から五年余が経過した。津波と福島第一原発事故という未曾有の災害に直面し、大学に身をおくものとして何ができるのか自問自答しつつの毎日であった。遅きに失したが、まずは千葉県内の状況を確かめたいという気持ちから、二〇一一年五月一日に津波で犠牲者を出した旭市海上公民館を千葉県内公民館職員と訪ね、五月二九日には液状化で大きな被害が出た浦安市の日の出公民館を訪ねた。また、七月二日・三日には、首都大学東京の野元弘幸先生がボランティア活動の拠点とされていた大船渡市立根公民館でのボランティアベース発会式に日本体育大学・上田幸夫先生と参加して、赤崎地区公民館長・吉田忠雄氏の講演を聞き、また大船渡市内に約一三〇ある地域公民館のひとつである津波で流された内田公民館の跡地を訪ね、新沼眞作館長から直接公民館への思いを聞いた。このようななかで、千葉県内の公民館が今回の東日本大震災にどのような対応をしたのか、その事実をできる限り記録化し後世に伝えていくことが求められているのではないか、と思うようになった。そして千葉県内の公民館調査を開始することにしたのである。

調査の概要

調査は、二〇一一年度一〇月開講の「社会教育演習」を受講した学生で構成された。調査方法は、自治体ごとにグループを構成し、公民館を直接訪問し、職員から聴き取りを行うという方法である。異動が激しい公民館職場にあって震災当時の対応を聞くことができるかどうか、時間がたてばたつほど調査は困難になることが予想されたが、公民館職員の皆様や関係諸機関のご協力でなんとか調査をすすめることができた。調査した自治体はつぎの通りである。

二〇一一年度／浦安市・市川市・船橋市・松戸市・千葉市（中央区・稲毛区・美浜区）・東金市・君津市・旭市・銚子市

表9－1　3年間の調査概要

調査年度	受講学生数	グループ数	調査自治体数*	調査公民館数**	提言数	調査回数
2011年度	35人	10	8市3区	71館	34	88回
2012年度	44人	11	8市1町2区	49館	29	60回
2013年度	37人	10	7市3町1区	33館	30	47回
計	116人	31	23市4町	153館	93	195回

＊区とは千葉市行政区のことであり、現在6区から構成されている。
＊＊公民館以外の調査した関連施設数は含まれていない。

二〇一二年度／千葉市（花見川区・緑区）・習志野市・四街道市・鎌ケ谷市・八千代市・市原市・佐倉市・柏市・酒々井《しすい》町・成田市

二〇一三年度／流山《ながれやま》市・我孫子市・白井市・印西市・千葉市（若葉区）・木更津市・御宿町・山武市・九十九里町・大網白里町

三年間で二三市四町、計二七市町の調査を実施した。県内市町村数は五四市町村（三七市一六町一村）であるので、ちょうど半数の自治体調査を実施したことになる。また、調査公民館数は一五三館で、千葉県教育委員会による「平成二四年度千葉県社会教育調査・結果報告」によれば県全体では二九一館（本館二八〇・分館一一）であり、公民館数からいえば五二・五％の公民館を調査したことになる。

まとめられた調査報告書（千葉大学教育学部社会教育研究室『千葉県内の公民館は東日本大震災にどう対応したか』（二〇一二年三月）、同『千葉県内の公民館は東日本大震災にどう対応したかⅡ』（二〇一三年三月）、同『千葉県内の公民館は東日本大震災にどう対応したかⅢ』（二〇一四年三月））は、三冊とも、第Ⅰ部が調査本文、第Ⅱ部が①各グループからの調査をふまえた提言、②調査日程（**表9－1**の調査回数はこの調査日程からカウントしたものである）、③「私の3・11と調査に参加して」

（感想文）から構成されている。「提言」は学生目線からみた公民館・社会教育行政に対する要望等であり、また、「私の3・11」は、実際に岩手・宮城・福島で震災を体験した学生を含む一一六人の貴重な体験記録・証言となっている。

調査を通して浮かびがってきたこと

まず、第一に地震発生時における各公民館職員の具体的な対応が明らかになったことである。その内容は三冊の報告書をみていただくしかないが、たとえば液状化で被害を受けた浦安市では「館内放送で呼び掛け、ロビーにシャンデリアがあったため危険と判断して机の下にかくれるよりも外に逃げるように指示。エレベーターが停止し、足の不自由な利用者は一時間ほど和室で身を寄せ合っていた。あるおばあちゃんは沖縄出身で大地震の経験がなくおびえていたところ、職員の方が手を握って励ました」、「震災直後に館内アナウンスを流し一階ロビーへ避難誘導、外は液状化でとても歩ける状態ではなかったので近隣の避難所への移動は困難だと判断、その時公民館を利用していた六〇人を一時保護することを決定……」という対応があった。

千葉市新宿公民館では「震災当日、JR千葉駅から役所へ、役所から新宿公民館へと連絡があり、七七人の帰宅難民の受け入れを行った。……何かあった時のために連絡が取れるように受け入れ者ひとりひとりの名前・住所を名簿に記入してもらった。……男女の部屋をわけて対応し、震災当日は、職員は寝ずに対応した」と報告されている。

木更津市八幡台公民館では、バスによる郷土史講座移動教室中に東京・深川で地震にあい、それ以降の行程を打ち切り、担当職員は「職員歴が長い分経験上、道路は渋滞、首都高は通行止め、大渋滞だろうと予測、参加者が一番困るのはトイレだろうと考え、深川から一番近い浦安市の図書館に向かった」と報告されている。

このような職員による臨機応変の対応など、それぞれの公民館でそれぞれの対応状況を記録化できたことが何よりの成果である。なお、帰宅困難者を受け入れた公民館は多いが、とくに船橋市では中央公民館（一六二一人）・西部公民館（五〇〇人）・浜町公民館（四五五人）など多くの人々を受け入れている。

第二に、地域における高齢者・外国人・子ども・あるいは妊婦などが、震災後の不安のなかで公民館に避難していることである。

たとえば千葉市では（かっこ内は公民館名）、七七人の帰宅難民受け入れのほか、老夫婦二名（新宿）、年配の方一名（椿森《つばきもり》）、中国人六名（松が丘）、おばあさん一名（星久喜《ほしくき》）、帰宅困難者一九八人・地域住民二〇人（小仲台）、五組の地域住民（轟《とどろき》）、女性二人（都賀）、帰宅困難者一人（山王）、帰宅難民一〇数名（幕張西）、市民一〇人（高浜）、トイレ使用三人・母子二人（磯部）、外国人六人宿泊（幸町）、帰宅困難者四人の内二人宿泊・近隣住民不安から四人来館（稲浜）、主に高齢者など二〇人弱避難（打瀬）、家族二人（こてはし台）、帰宅困難者三六人・住民三人計三九人宿泊（幕張）、帰宅困難者一人宿泊（幕張本郷）、女性一人宿泊（花見川）、八人の避難者と帰宅困難一人（花園）などである。

千葉市ではほぼ中学校区に四七館の公民館が地域配置されているが、地域住民にとってまさに頼りになる公民館としての姿が浮かびあがってきた。市川市行徳《ぎょうとく》公民館では公民館に避難してきた人の「多くは外国人」であったと報告されている。地域の特性が反映されているというべきであろう。

第三に、災害に強い施設のあり方も問われた。浦安市日の出公民館では「多くの地域で断水、下水管の破裂などがおこりトイレが使用できない状況の中で、日の出公民館のトイレは雨水を利用していたので震災後四日間使用できた。そのため正面入り口には「トイレ使えます」と掲示し、近隣の住人が利用していたそうだ」と報告されている。流山市北部公民館では地震を契機に「災害用井戸」を整備した事例も生まれている。

その他、災害時における情報の収集・発信・共有の拠点として掲示板やボードなどを活用した事例（浦安市）、企業から食料を提供していただいた事例（船橋市浜町公民館）、習志野市「実花公民館地区学習圏会議・フォーラムちえのわ」では『その時のための簡易コンロの作り方』という資料を作成した事例、避難所として指定されていなくても最大一六五名が避難した大網白里市諏訪神社脇公民館（自治公民館）の事例、震災後の八千代市高津公民館では南高津小学校と連携して「学校に泊まってみよう」という主催事業を実施した事例、また、原発事故を受けて福島からの避難民の受け入れも県内の自治体は行っていることを報告しておきたい。

当初意図した「記録化」がどこまで達成されたかは、実際に三冊の報告書をお読みいただき読者諸氏のご判断に待つしかないが、総頁数五〇〇に及ぶ資料をまとめることができたのは、ひとえに県内関係者のご協力と学生諸君の頑張りであったと考えている。なお、大津波が襲った旭市・液状化の被害を受けた浦安市・多数の帰宅困難者を受け入れた船橋市の公民館については、長澤成次編『公民館で学ぶⅣ　人をつなぎ、暮らしをつむぐ』（国土社、二〇一三年）の諸論稿をぜひ参照されたい。

第10章　地域住民の学びを支える公民館職員をめぐる課題

はじめに

地域の人々の生涯にわたる学びをひろく学校外において支援していく仕事を担っているのが社会教育職員である。

日本では、その代表的な社会教育職員として、教育委員会事務局に置かれる社会教育主事、教育機関である図書館・博物館・公民館におかれる図書館司書、博物館学芸員、公民館主事をあげることができる。しかし、法的に養成や資格が定められているのは、社会教育主事（社会教育法第九条の二）・図書館司書（図書館法第四条）・博物館学芸員（博物館法第四条）だけであり、公民館主事のように専門性が求められているにもかかわらず法的に養成や資格が規定されていないものまで存在し、その任用形態にいたっては正規の専門職として発令されている職員から非常勤・嘱託職員まで、あるいは正規職員であっても一般行政職からの異動による配置など、多様な形で存在しているのが実態である。

さらに、二〇〇一年の小泉内閣以降、政府の「官から民へ」という「構造改革」路線のもとで自治体行財政改革が進行し、社会教育職員の削減や非常勤・嘱託化が進行している。また、二〇〇三年の地方自治法改正による指定管理者制度は、公民館・図書館・博物館などの「公の施設」を株式会社など民間事業者へ全面委託することができるとした制度であるが、たとえば三年ないし五年というように期間を指定して委託する同制度は、社会教育施設で働く職員の不安定化や多様化をいっそう加速しつつある。

こうした状況のもとで、どのようにしたら社会教育の専門職としての位置づけを確かなものにしていくことができるのであろうか。社会教育職員の専門性の明確化、専門職制度をめぐる法的整備、大学での職員養成のあり方や採用システム、そして専門的力量を高める研修のあり方、社会教育職員集団の形成など、課題は山積しているが、本章では、まず、日本における社会教育職員数を概観したあと、主に、社会教育主事と公民館主事に限定して、両者の戦後社会教育法制のもとでの変遷をたどりながら、専門職制度確立をめぐる課題を提示してみたい。

1　日本における社会教育職員数の概観

現在、日本の自治体数は一七一八市町村（市七九〇、町七四五、村一八三、二〇一四年三月二日現在）である。そこでは、自治体によって多様な形態をもちながらも、教育委員会の社会教育・生涯学習関係部局をはじめ、公民館・図書館・博物館、青年の家、少年自然の家、女性センター、各種スポーツ施設、民間の社会教育施設などが多様に存在し、したがってそこで働く社会教育職員も多様な形で存在している。

文部科学省『平成二三年度社会教育調査報告書』によると（カッコ内平成一七年度）、教育委員会及び社会教育関係施設の職員数は、計五二万六〇四〇（五一万五六一九）人を数える。また、社会教育事業を主に実施していると思われる指導系職員の状況は、教育委員会に置かれている社会教育主事二五一八（四一一九）人・社会教育主事補一四〇（二四二）人、公民館主事一万四四五四（一万七八〇五）人、図書館司書一万六九二三（一万二七八一）人・司書補四五九（四四二）人、博物館学芸員四三九六（三八二七）人・学芸員補六五八（四六九）人、博物館類似施設学芸員二八九七（二三九七）人・学芸員補三〇三（二二三）人、青少年教育施設指導系職員二七四六（二九六一）人、女性教育施設指導系職員四一七（二六三）人、社会体育施設指導系職員一万五二八六（九五九九）人、民間体育施設指導系職員五万三六三七（五三四六九）人、文化会館指導系職員一八七九（一六九七）人の計一一万七六〇四（一一万二九四）人である。

これらの数値から教育委員会の社会教育主事・主事補が顕著に減少しつつあること、公民館主事も減少していることがよみとれる。ちなみに公民館職員の専任・兼任・非常勤別内訳は、表10－1の通りである。全国の公民館数は一万五三九九（一万七一四三）館であるから、専任・兼任・非常勤の合計数四万九三〇六（五万二二三〇）人で平均すると一館あたり三・二〇（三・〇五）人であり、公民館事業を中心的に担う公民館主事は一万四四五四（一万七一二七）人で一館あたり〇・九三九（〇・九九九）人であり、専任公民館主事となると〇・二七（〇・三四）人となる。公民館職員がいかに厳しい状況に置かれているかがわかる。なお、指定管理者で働く公民館職員は三三八七人（館長・分館長六九〇人、公民館主事九〇八人、その他の職員一万七八九人）となっている。

2　一九五一年社会教育法改正と社会教育主事規定の変遷

戦前の日本においては、一九二〇年の文部省通牒によって社会教育主事の特設が勧奨され、これによって道府県の学務課に府県吏員として社会教育主事がおかれるようになった。その後、一九二五年の地方社会教育職員制（勅令三二四号）、一九二六年の文部省訓令によって全国の道府県に社会教育主事専任六〇人以内、社会教育主事補専任一七一人以内を置くことができるとした(1)。

戦後は、教育委員会法施行令（一九四八年）第一五条第四項で「社会教育主事は、上司の命を受け、社会教育に関する視察指導その他の事務を掌る」と定められていたが、一九四九年の社会教育法制定時には盛り込まれず、一九五一年に社会教育主事（補）規定が新設された。

一九五一年法改正では、社会教育法第九条の二（社会教育主事及び社会教

非常勤			
計	館長・分館長	公民館主事	その他職員
24,654	8,495	6,157	10,002
29,234	10,710	7,781	10,743

表10－1　公民館の職員数

専　任				兼　任			
計	館長・分館長	公民館主　事	その他職　員	計	館長・分館長	公民館主　事	その他職　員
8,611	1,709	4,093	2,809	9,689	3,198	2,830	3,661
11,982	2,223	5,760	3,999	11,014	3,553	3,586	3,875

文部科学省『平成23（2011）年度社会教育調査報告書』より。下段は平成17（2005）年度

育主事補の設置）を新設して「都道府県の教育委員会の事務局に社会教育主事及び社会教育主事補を置く。二　市町村の教育委員会の事務局に社会教育主事及び社会教育主事補を置くことができる」とし、第九条の三（社会教育主事及び社会教育主事補の職務）では、教育委員会施行令にあった「上司の命」をはずして「社会教育を行う者に専門的技術的な助言と指導を与える。但し、命令及び監督をしてはならない」とした。

なお、任用資格の規定と関連して一九五一年の教育公務員特例法一部改正によって第二条第五項が「この法律で『専門的教育職員』とは、指導主事及び社会教育主事をいう」とされ、社会教育主事が指導主事とならんで専門的教育職員と位置づけられたことも特筆に価する。

このように新設された社会教育主事制度は、社会教育の自由の原理と専門性に裏づけられた自律した職務を規定するという積極面を持ったが、一方で、市町村ではなく都道府県必置（第九条の二）であったこと、「社会教育を行う者」の解釈が「教育委員会の社会教育関係職員、社会教育主事、社会教育委員、公民館の職員、社会教育関係団体の代表者等[2]」から「広くは住民のすべてにわたる」（法案提出時の西崎恵社会教育局長）というように拡大解釈されたこと、社会教育主事が重視されて公民館主事制度が軽視

表10－2　社会教育主事講習における習得科目・単位数の変遷

社会教育主事講習等規定（昭和二十六年六月二十一日文部省令第十二号）（抄）

第三条　社会教育主事となる資格を得ようとする者は、講習において次の表の上欄に掲げる科目について、それぞれその下欄に掲げる単位数以上の単位を必ず修得しなければならない。

上　欄	下　欄
社会教育概説	一
社会教育史	一
教育社会学	一
教育心理学	一
社会教育方法論（社会教育施設論及び社会教育評価論を含む。）	二
社会教育行政及び社会教育財政	二
社会教育と政治・経済	一
社会教育と科学・道徳・芸術・宗教	一
職業教育及び職業指導	一
体育及びレクリエーション	一

第四条　社会教育主事となる資格を得ようとする者は、講習において前条に定めるものの外、次の各号に掲げる科目のうちから一以上の科目を選択して、それぞれ三単位以上を習得しなければならない。

一　成人指導
二　青少年指導
三　視聴覚教育
四　通信教育及び学校開放
五　公民館
六　職業教育及び職業指導
七　体育及びレクリエーション

1996年改正：

科　目	単位数（9単位）
生涯学習概論	2
社会教育計画	2
社会教育演習	2
社会教育特講	3

＊なお本表は、初版第1刷134頁の表10－2の一部を訂正したものであることをお断りしておきたい。また、「社会教育主事講習等規程の一部を改正する省令」（平成30年文部科学省令第5号）が2018年2月28日に公布され、2020年4月1日から施行される。社会教育主事講習においては、社会教育計画が廃止されて、生涯学習概論（2単位）、生涯学習支援論（2単位）、社会教育経営論（2単位）、社会教育演習（2単位）の計8単位になる。

される始まりになったこと、経過的措置として社会教育主事講習を導入するなど、歴史的制約や課題を抱えての出発であった。なお、一九五一年社会教育法改正によって「社会教育主事講習等規定」(昭和二六年文部省令第一二号)が定められたが、その後、同規定は、改正を重ね、たとえば、習得単位数を比較すると社会教育主事講習においては、一五単位から九単位へ、大学において習得すべき単位数は三〇単位から二四単位へとそれぞれ減少している。社会教育主事講習の科目と単位数の変遷については、表10－2を参照されたい。

その後、一九五九年の社会教育法改正では、社会教育主事を市町村必置とし、養成に関わっては、第九条の五(社会教育主事の講習)から「教育に関する学科又は学部を有する」を削り、「その他の教育機関」を加えて大学以外での社会教育主事講習への道を開いた。大学における専門職養成という原則を崩し、文部省(現文部科学省)自らが社会教育主事養成を行うことができるように変更したのである。

3　派遣社会教育主事制度の発足(3)

一九五九年の社会教育法改正の後、一九七〇年前後に、実際には改正されなかったが、社会教育法の全面改正が文部省によって企図され、一九七一年には、生涯教育を改革のキーワードに掲げた社会教育審議会答申「急激な社会構造の変化に対処する社会教育の在り方について」が登場した。同答申は今後の留意点として「今後、生涯教育の観点に立って学校教育を含めた教育の全体構造を立案することが必要となってくる」という認識を示すとともに「現行法令の改正を含むより具体的な方策の検討が必要である」と指摘していた。

社会教育審議会答申と前後して、社会教育指導員への国庫補助（一九七三年）、派遣社会教育主事制度発足（一九七四年）など、社会教育に対する上からの再編が急速に進行する。

派遣社会教育主事制度は、社会教育主事の給与を国と県が二分の一ずつ負担することによって財政基盤の弱い市町村に社会教育主事を派遣するというものであった。夏休みに行われる社会教育主事講習によって資格を得た学校教員を三年前後、短期派遣するという派遣社会教育主事制度は、社会教育主事経験者を学校教育の管理職登用に結びつけたこと、大学で養成された新規学卒者の社会教育主事の就職先を狭めたこと、学校教員の短期派遣によって社会教育職員としての専門的力量形成が地域に蓄積されないなど、さまざまな問題点を持っていた。なお、派遣社会教育主事制度に係る国庫補助は、一九九八年度から廃止され、交付税措置となって一般財源化された。現在、独自に実施している県が存在するものの、前述したように、派遣社会教育主事を含む社会教育主事数は激減しつつある。

4　社会教育主事講習の受講資格の緩和

二〇〇一年の社会教育法改正において、社会教育主事講習の受講資格の緩和が行われている。すなわち、受講資格要件にかかわって「官公署又は社会教育関係団体が実施する社会教育に関係のある事業における業務であって、社会教育主事として必要な知識又は技能の習得に資するものとして文部科学大臣が指定するものに従事した期間」（改正案第九条の四一号のハ）が受講資格として算定されることになった。当時の文部科学省のホームページには、期間が算定される社会教育関係団体として、「ボーイスカウトのリーダーや青年海外協力隊等」が示されていたが、社会教育の自由の観点からは、このように特定の活動を例示すること自体問題があるといえよう。

二〇〇八年二月二九日に閣議決定され、六月四日に成立した改正社会教育法においても、第九条の四（社会教育主事の資格）の「ロ　官公署、学校、社会教育施設又は社会教育関係団体における職で司書、学芸員その他の社会教育主事補の職と同等以上の職として文部科学大臣の指定するものにあった期間　ハ　官公署、学校、社会教育施設又は社会教育関係団体が実施する社会教育に関係のある事業における業務であって、社会教育主事として必要な知識又は技能の習得に資するものとして文部科学大臣が指定するものに従事した期間（イ又はロに掲げる期間に該当する期間を除く）」（傍線部が改正箇所）とされて、さらなる受講資格の緩和が行われ、同様の改正が図書館法・博物館法においても行われた。社会教育主事・司書・学芸員が、それぞれの経験年数を受講資格としてカウントできるというのは、社会教育職員という共通の土台を持っているとはいえ、それぞれの専門性を軽視しているといわざるを得ない。

5　社会教育法制における公民館主事規定

次に公民館主事について、社会教育法制がどのように位置づけてきたかをみてみよう。

公民館を構想した寺中作雄は「公民教育の振興と公民館の構想」（一九四六年）において、すでに「公民館職員制度の創設」を提案し、一九四六年の文部次官通牒「公民館の設置運営について」では、職員について「公民館長は公民館委員会から専任され其の推薦によつて町村長が嘱託すること。公民館長の任期は凡そ一年位と定め、教育に理解あり、且衆望のある最適任者を選任することに努めること。適任者の重任は差支えないこと」「公民館には専属又は兼任の職員を置いて公民館運営の仕事を担当させること。公民館職員は主事と呼び、館長が公民館委員会の意見に従って選定し、町村長が之を嘱託すること。主として青年学校教職員及国民学校教員を兼務させるのはよいが、財政に余裕ある限り出来るだけ多くの練達堪能な実力のある人材を専任に嘱託する様にすること」と述べていた。

その後、公民館は一九四九年の社会教育法によって法制化されるが、公民館職員については以下のように規定された。

（公民館の職員）

第二七条　公民館に館長を置き、その他必要な職員を置くことができる。

二　館長は、公民館の行う各種の事業の企画実施その他必要な事業を行い、所属職員を監督する。
第二八条　市町村の設置する公民館の館長その他必要な職員は、教育長の推薦により、当該市町村の教育委員会が任命する。
二　前項の規定する館長の任命に関しては、市町村の教育委員会は、あらかじめ、第二九条に規定する公民館運営審議会の意見を聞かなければならない。

このように社会教育法は、公民館長については必置としたが、その他必要な職員は任意設置とするなど極めて脆弱な規定であった。にもかかわらず、これらの条文によって公民館職員が法的に規定されたこと、また、館長任命にあたっては、公民館運営に対する住民の意思反映機関である公民館運営審議会の先議権が規定されたことなど画期的であったといわねばならない。

戦後、公民館関係者は福島で開催された第一回全国公民館大会（一九五二年）以降、公民館職員の身分保障などを求めて公民館単行法制定運動を展開していたが、そうした運動も背景としつつ、一九五九年に社会教育法が「大改正」される。

公民館職員にかかる改正条文は「公民館に館長を置き、主事その他必要な職員を置くことができる」として「主事」規定を新設。しかし、主事を任意設置とするなど、極めて不十分なものであった。[4]一九五一年改正時に文部省が社会教育主事を指導主事と並んでその専門職性を高めようとしたことを想起するならば公民館主事に対するこの対応は雲泥の差と言わねばならない。しかし、一方で一九五九年法改正は、第二三条の二（公民館の基準）の新設によって「公民館の設置及び運営に関する基準」（文部省告示）が出され、そこでは、「公民館には、専任の館長及び主事を置き、公民館の規模及び活動状況に応じて主事の数を増加するように務めるものとする。二　公民館の館長及び主事は、社会教育に関し、識見と経験を有し、かつ公民館の事業に関する専門的な知識と技術を有する者をもって充てるように努めるものとする」（第五条）とされた。告示レベルではあるが、主事も必置とされ、公民館職員の専門性も規定されたのである。

その後、時代はかなり下るが、九〇年代以降の地方分権・規制緩和政策のもと、一九九八年の地方分権推進委員会勧告を受けて第五条の「公民館には、専任の館長及び主事を置き」から「専任の」が削除される。法が自治体に職員必置を求めるのは、自治体の自主組織権の侵害であるという理由からである。さらに二〇〇三年六月六日に全面改訂された「公民館の設置及び運営に関する基準」では、「公民館に館長を置き、公民館の規模及び活動状況に応じて主事その他必要な職員を置くよう努めるものとする」（第八条）となって、主事の必置規定と主事数増加の努力義務が削除された。(5) なお、旧第五条第二項の「公民館の館長及び主事には、社会教育に関する識見と経験を有し、かつ公民館の事業に関する専門的な知識及び技術を有する者をもって充てるよう努めるものとする」は、ほぼ旧規定のままで残った。これは、現行社会教育法制において公民館職員の専門性を担保する唯一の規定となっている。

6　公民館主事の専門職化をめざす自治的努力

一九五九年の法改正以後、法制度として公民館主事の専門職化が放置されてきたもとでは、専門職化の課題は、地域自治体の自治的かつ創造的課題にならざるを得なかった(6)。

一九六五年には長野県飯田・下伊那主事会が「公民館主事の性格と役割」(いわゆる下伊那テーゼ)を明らかにし、公民館主事の性格を「教育の専門職」と「自治体労働者」の二面において捉えるとともに、これらの公民館主事の役割を「働く国民大衆から学んで学習内容を編成する仕事」「社会教育行政の民主化を住民とともにかちとっていく仕事」とした。特に「働く国民大衆の運動から学ぶ」という提起は、地域住民運動から生きた公共的課題を抽出し、そこに注目して学習内容編成をすすめるという視点を打ち出したものとして特に注目される。また、一九七四年に出された東京都教育庁社会教育部「新しい公民館像をめざして」(三多摩テーゼ)では、公民館主事の職務内容を、一　施設の提供と整備、二　相談、三　集団への援助、四　資料提供、五　編成、六　広報、七　庶務、経理の七項目に整理するとともに、公民館主事の宣言(提案)を行っていた。そこでは、「あらゆる住民が自由に集会し、自主的に学習し、文化創造をめざすことは、民主主義社会における住民の権利です。公民館の存在理由は、この集会・学習・文化創造の権利を具体的に保障していくことにあります。……この任務を全うするために、公民館職員は次のことを確認し、実践します。一、公民館職員は、いつでも、住民の立場に立ちます。二、公民館職員は、住民自治のために積極的に努力します。三、公民館職員は、科学の成果を尊重し、地域における文化創造をめざします。四、公民館職員は、集会・学習の自由を保障し、集団の秘密を守ります。五、公民館職員は、労働者としてみずからの権利を守ります」と指摘されていた。

このように地域・自治体においては独自に社会教育専門職制度を確立するための自治的努力がさまざまな形で積みかさねられてきた。社会教育主事有資格者を公民館主事にあて、条例で公民館主事を教育専門職として位置づけている長野県松本市、公民館嘱託職員の正職化を実現した岡山市、一般行政職とは別枠で社会教育主事有資格者を採用してきた自治体（大阪府貝塚市、埼玉県鶴ヶ島市、千葉県君津市・木更津市・野田市など）など、さまざまな努力が重ねられてきたのである。

7　公民館主事の専門的力量形成をめぐる現代的課題

ここでは、公民館主事の専門的力量形成をめぐる課題を筆者なりに仮説的に述べてみたい。もちろん、以下に述べることは、職員の生活や意識とも重なりつつ、現実には相互に絡みあいつつ、展開していくものであると考えられる。

まず、第一は、世界人権宣言（一九四八年）、ユネスコ学習権宣言（一九八五年）、子どもの権利条約（一九八九年）などの国際的に承認された人々の基本的人権としての学習権思想をあらゆる教育活動の基底にすえることである。その意味では、公民館主事をはじめとする社会教育職員自身が常に自らの人権感覚を常に研ぎ澄ますことが求められる。

第二は、人々の学びの営みを支え、励ましていく職員の力量形成における住民との関わりや交わりの大切さである。地域住民との数多くのふれあいや、時には葛藤や対立を通して、職員は自らの専門性の基盤を形成するのであって、力量形成の源泉は常に地域住民の生きた現実にある。

第三は、「実際生活に即する文化的教養を高める」（社会教育法第三条）営みである社会教育を地域で推進しようとするとき、今日のグローバル化した時代と地域における「実際生活」のコンテキストを読み解いていくことは容易な作業ではない。したがって、地域で学習活動を編成していくとき、保健、福祉、医療、環境、地域経済など、さまざまな分野の専門家の協力や自治体の関連行政職員、あるいは認証法人数五万九六五、認定法人数九五〇（二〇一六年五月末現在、内閣府調査）にのぼるＮＰＯ法人をはじめとする地域のさまざまな市民運動、地域運動、労働運動などとの連携・協力をいっそうすすめていくことが極めて重要である。(7)

そして、第四は、前述したように、このような職員が安定して専門的力量形成をはかっていくことができるような自治体社会教育行政構築の課題である。

8　二〇〇八年社会教育法改正と社会教育主事の職務内容をめぐって

二〇〇六年教育基本法を受け、二〇〇七年六月に中央教育審議会生涯学習分科会に制度問題小委員会が法改正に向けた議論を開始。二〇〇八年二月一九日には中央教育審議会答申「新しい時代を切り拓く生涯学習の振興方策について」が出され、それを受けて社会教育法等一部改正案が二〇〇八年五月に国会に上程され、六月に成立・施行された(8)。

ここでは同答申の重要なところを引用してみよう。

「社会教育主事、司書、学芸員等の社会教育に関する専門的職員について、『社会教育士』や『地域教育士』のような汎用資格を設けることを検討することについて指摘がなされている。これについては、各地域において社会教育に関わる専門的職員が社会教育を推進するに当たり、各専門的職員にはその地域の実情やニーズを広く吸い上げるとともに、それぞれの分野で高度化するニーズ等への対応も求められていること、また、教育サポーター等各地で活用されている人材制度の現状等を踏まえ、社会教育に関わる専門的な人材の在り方全体を今後どのように考えるかということとあわせて検討する必要がある」。

「子どもがこれからの社会を生き抜く上で必要となる『生きる力』を身に付けるための学習は学

校教育を中心に行われることはもちろんであるが、学校・家庭・地域住民等の連携が求められる中（改正教育基本法第一三条）、社会教育としてもそれを支援していくことが、今、求められている。また、社会全体の教育力の向上のために、学校・家庭・地域住民等の連携がこれまで以上に求められている。これまでの学社融合の必要性についての指摘も踏まえつつ、社会教育行政のより踏み込んだ積極的な展開を実現するため、学校・家庭・地域住民等の連携に関する事務について、学校が地域住民等の協力を得て教育活動を行う場合は、社会教育主事が学校長の求めに応じて助言することができることを社会教育主事の職務として明確に位置付けることが有効と考えられる」。

このような答申の指摘の結果、社会教育法第三条の三二項に「社会教育主事は、学校が社会教育関係団体、地域住民その他の関係者の協力を得て教育活動を行う場合には、その求めに応じて、必要な助言を行うことができる」とした条文が新設され、その他、図書館法第五条（司書及び司書補の資格）の一に「大学を卒業した者で大学において文部科学省令で定める図書館に関する科目を履修したもの」、第七条（司書及び司書補の研修）「文部科学大臣及び都道府県の教育委員会は、司書及び司書補に対し、その資質の向上のために必要な研修を行うよう努めるものとする」、博物館法第七条（学芸員及び学芸員補の研修）「文部科学大臣及び都道府県の教育委員会は、学芸員及び学芸員補に対し、その資質の向上のために必要な研修を行うよう努めるものとする」などが新設された。

おわりに

日本の社会教育職員をめぐる問題は、以上、述べてきたように歴史的に構造的に形成されてきたものであると同時に極めて現代的課題でもある。たとえば、文部科学省の社会教育職員政策は、常に社会教育主事養成に力点がおかれ、公民館主事の専門職制度化は等閑視されてきた。また、日本の多くの大学でフルタイムの学生が社会教育主事として養成されているにもかかわらず、専門職採用を行う自治体は極めて少ないというミスマッチが常態化している。[9] しかし、目を地域自治体に転じてみると、現代社会に生起する地域課題・生活課題と向き合った実に豊かな社会教育実践が展開されており、そこには必ずといってよいほど多彩な社会教育職員が地域住民・ボランティア・専門家などと協力・協同しつつ、学びの活動を媒介としたまちづくりを展開している。[10] 筆者は、その地域社会教育実践の展開にこそ、社会教育職員問題を解決していくひとつの鍵がひそんでいると考えている。

注

（1）文部省社会教育局『社会教育一〇年の歩み　社会教育法施行一〇周年記念』一九五八年、二一九頁。
（2）寺中作雄著『社会教育法解説』社会教育図書株式会社、一九四九年、六〇頁。
（3）派遣社会教育主事制度の問題点については、社会教育推進全国協議会『社会教育を国民の手で守ろう――社会教育主事制度「改悪」のねらい』一九七四年一月、を参照。
（4）一九五九年社会教育法「大改正」に対して、近畿公民館主事会は「社会教育法改正問題討議報告」（一九五八

年一二月二六日）を発表し、「今次改正法案を検討して、その偽りのない所見を表明するならば、それは『パンを求めて、石を与えられた』という言葉を引用することが最も適切であるように思われる」と喝破している。

（5）地方分権・規制緩和の流れの中で、法レベルの社会教育主事必置制が守られて、告示レベルの公民館主事の必置制が廃止されるというのは矛盾している。ここでも、文部科学省が社会教育主事を重視していることがわかる。

（6）公民館主事の専門性を鋭く問うたものに、一九五〇年代以降、頻発してきた公民館主事の「不当配転」と「不当配転闘争」がある。公民館主事の強権的な異動は、住民の学習権を侵害すると共に公民館職員の労働基本権をも侵害するという意味で、二重の不当性をはらんでいる。社会教育推進全国協議会『不当配転を闘うための手びき』（一九八三年二月）、『つるがしま公民館職員不当配転のたたかい報告集』（鶴ヶ島市職員組合・鶴ヶ島の社会教育と不当配転者をみんなで守る会、一九九三年八月）・『葉山の精気に包まれて　不当配転撤回闘争一一三一日目の勝利』（白鷹町の社会教育をよくする会・白鷹町職員労働組合・自治労山形県本部置賜総支部、ぶなの木出版、一九九二年三月）等を参照。

（7）ＮＰＯと社会教育との関連については、佐藤一子編『ＮＰＯの教育力　生涯学習と市民的公共性』東京大学出版会、二〇〇四年六月一五日などを参照。

（8）たとえば、民間団体である社会教育推進全国協議会の社会教育法改正に対する見解については、「住民の学習の権利と自由を阻害し、社会教育行政を後退させる社会教育法改正案の問題点」（二〇〇八年三月二三日）を参照されたい。また、筆者による国会での参考人発言については、衆議院文部科学委員会会議録第一一号（http://www.shugiin.go.jp/index.nsf/html/index_kaigiroku.htm）を参照されたい。

（9）今回の社会教育法等改正の際には衆議院・参議院で全会一致で附帯決議（衆議院・二〇〇八年五月二三日、参議院・二〇〇八年六月三日）があげられ、特に社会教育職員に関しては、「社会教育主事、司書及び学芸員については、多様化、高度化する国民の学習ニーズ等に十分対応できるよう、今後とも、それぞれの分野における専門的能力・知識等の習得について十分配慮すること。また、各資格取得者の能力が生涯学習・社会教育の分野において、最大限有効に活用されるよう、資格取得のための教育システムの改善、有資格者の雇用確保、労働環境の整備、研修機会の提供など、有資格者の活用方策について検討を進めること」と指摘している。

（10）たとえば、拙編著『公民館で学ぶ　自分づくりとまちづくり』（一九九八年）、『公民館で学ぶII　自治と協同のまちづくり』（二〇〇三年）、『公民館で学ぶIII　私たちの暮らしと地域を創る』（二〇〇八年）、『公民館で学ぶIV　人をつなぎ、暮らしをつむぐ』（二〇一三年）いずれも国土社を参照されたい。

第11章　住民主体の自治体社会教育計画づくりの展望

はじめに

「改正教育基本法には、地方公共団体においても、国の教育振興基本計画を参酌しながら、その実情に応じて、当該地方公共団体における教育の振興のための施策に関する基本的な計画の策定に努める旨の規定が盛り込まれた。これまでも、多くの地方公共団体において教育に関する計画が策定されるなど、教育の振興のための施策が進められているところであるが、今後、各地方公共団体においては国の教育振興基本計画を参考にしつつ、自らの地方公共団体における教育の総合的な振興を図っていくために、具体的にどのような対応が必要であり、そのためにはどのような計画を策定すべきかについて、地域の実情に照らしながら、主体的に判断し、より一層積極的な取組を進めることが期待される」「教育振興基本計画」（二〇〇八年七月一日）より。

二〇〇六年教育基本法第一七条（教育振興基本計画）にもとづいて、二〇〇八年七月一日に閣議決定された教育振興基本計画は、このように述べて「地域の実情に照らしながら、主体的に判断し、より一層積極的な取り組みを進めることが期待される」と述べ、教育振興基本計画策定における自治体の「主体的判断」による計画策定に「期待」を寄せている。

しかしながら、教育振興基本計画を定めた二〇〇六年教育基本法第一七条二項は、「地方公共団体は、前項の計画を参酌し、その地域の実情に応じ、当該地方公共団体における教育の振興のための施策に関する基本的な計画を定めるよう努めなければならない」として、国の計画を「参酌」[1]して、自治体教育振興基本計画を策定する努力義務を規定している。したがって、地方自治体が、国の計画をまったく「参酌」せずに、自由に教育振興基本計画を策定することは、法的に難しい状況にある。さらに二〇一四年の改正地方教育行政法第一条の三（大綱の策定等）では「地方公共団体の長は、教育基本法第一七条一項に規定する基本的な方針を参酌し、その地域の実情に応じ、当該地方公共団体の教育、学術及び文化の振興に関する総合的な施策の大綱を定めるものとする」とされた。

文部科学省初等中等教育局長通知「地方教育行政の組織及び運営に関する法律の一部を改正する法律について（通知）」（文科初第四九〇号　平成二六年七月一七日）では、「（3）地方教育振興基本計画その他の計画との関係　一、地方公共団体において、教育基本法第一七条第二項に規定する教育振興基本計画その他の計画を定めている場合には、その中の目標や施策の根本となる方針の部分が大綱に該当すると位置付けることができると考えられることから、地方公共団体の長が、総合教育会議において教育委員会と協議・調整し、当該計画をもって大綱に代えることと判断した場合には、別途、大綱を策定する必要はないこと。二、新たな地方公共団体の長が就任し、新たな大綱を定めた場合において、その内容が既存の　教育振興基本計画等と大きく異なるときには、新たな大綱に即して、当該計画を変更することが望ましいこと」としているので、別途「大綱」を策定する必要はないとしているものの、自治体教育計画である「教育大綱」は、国の教育振興基本計画を参酌しつつ首長が策定する、という制度のもとで二重の縛りを受けている状態にある。

　このような新たな段階で自治体教育振興基本計画をどのように策定するのかが、極めて重要な課題になりつつあるのである。

　本来、教育行政は、一九四七年教育基本法第一〇条に規定されていたように、「教育は不当な支配に服することなく、国民全体に対し直接に責任を負って行われるべきもの」であり、「この自覚のもとに、教育の目的を遂行するに必要な諸条件の整備確立を目標として行われなければならない」はずである。「諸条件の整備確立」にとどまらず、教育内容への関与や統制の可能性を持つ教育振興基本計画の矛盾的性格を踏まえつつも[2]、「地域の実情」と「主体的な判断」を最大限生かした住民参加の自治体教育振興基本計画づくりが、求められている。

　本章では、今日までの地域・自治体において蓄積されてきた社会教育計画づくりの総体（ここでは、一応、社会教育委員の会議・公民館運営審議会・図書館協議会・博物館協議会・スポーツ振興審議会・生涯学習審議会などの社会教育・生涯学習に関連する答申・建議・意見具申・関連する自治体基本構想とそれらを受けて策定された諸行政計画など）をふまえ、住民が主体となった自治体社会教育振興基本計画づくりの視点を提示することが目的である。なお、文部科学省調査によれば、全国の市区町村の策定状況（一七三八市区町村、政令指定都市及び中核市を含む）においては「基本計画を策定済み／一一九〇（六八・五％）」「基本計画を策定していない／五四八（三一・五％）うち、今後策定予定／二一三（一二・三％）」（平成二七年三月三一日現在）となっている。

1　国の第一期「教育振興基本計画」（二〇〇八年七月一日）における社会教育の位置づけと住民主体の社会教育計画づくりの可能性

ここでは、二〇〇八年七月一日の「教育振興基本計画」をおおまかにたどりながら、社会教育がどのように位置づけられているのかを確かめてみよう。

まず、「教育振興基本計画」の構成は、第一章　我が国の教育をめぐる現状と課題、第二章　今後一〇年間を通じて目指すべき教育の姿、第三章　今後五年間に総合的かつ計画的に取り組むべき施策、第四章　施策の総合的かつ計画的な推進のために必要な事項、の四章から構成され、第一章では、これから我が国が直面するであろう「変化の激しい時代」を予想しつつ、今後一〇年間の変化について、①少子化の進行、超高齢社会の突入に対応する「教育を含む社会システムの再構築」、②グローバル化の進行、国際競争の激しさのもとでの「知識基盤社会」の本格的到来、③地球温暖化問題など「持続可能な社会の構築に向けた教育の理念」の重要性、④産業構造の変化、非正規雇用の増大など「雇用の在り方の変化」が進むなかでの「再挑戦可能な社会システムの整備」や「ワークライフバランスの確保」、⑤価値観やライフスタイルの多様化、インターネットや携帯電話によるコミュニケーションの進行、ボランティア活動などを通じた社会貢献やコミュニティづくりへの意識の高まりと「新たな社会参画」の進展、などを指摘している。

こうした日本社会に対する基本的な問題意識に基づいて、第二章では「今後一〇年間でめざすべき教育の姿」として、「義務教育修了までに、すべての子どもに、自立して社会で生きていく基礎を育てる」、「社会を支え、発展させるとともに、国際社会をリードする人材を育てる」という二つの目標を掲げ、後者の日標に関わっては、「我が国の国際競争力の強化」に資することが謳われるとともに「個性や能力に応じ、希望するすべての人が、生涯にわたり、いつでも必要な教育の機会を得ることができる環境を整備する」としている。

第三章では、「今後五年間に総合的かつ計画的に取り組むべき施策」の「基本的な考え方」として、「「横」の連携　教育に対する社会全体の連携の強化」「「縦」の接続　一貫した理念に基づく生涯学習社会の実現」「国・地方それぞれの役割の明確化」の三つを掲げ、さらに「施策の基本的方向」として四つを挙げ、その一番目の「基本的方向一　社会全体で教育の向上に取り組む」の中に社会教育・生涯学習に関連する項目が掲げられ、「①学校・家庭・地域の連携・協力を強化し、社会全体の教育力を向上させる　②家庭の教育力の向上を図る　③人材育成に関する社会の要請に応える　④いつでもどこでも学べる環境をつくる」が提示されている。たとえば、公民館については、次のようにまとめられている。

◇公民館等の活用を通じた地域の学習拠点づくり

公民館をはじめとする社会教育施設について、地域が抱える様々な教育課題への対応や社会の要請が高い分野の学習など地域における学習の拠点、さらには人づくり・まちづくりの拠点として機能するよう促す。あわせて、公民館の運営状況に関する評価の実施や、地域住民に対する積極的な情報提供を促す。また、社会教育施設における学習の成果を活用した、地域において必要とされているボランティア活動等を促す。

国の「教育振興基本計画」における公民館に関するテキストは、計画全体においては、このようなコンテキスト（文脈）に位置づけられている。したがって、たとえば「地域において必要とされているボランティア活動」も、「教育振興基本計画」全体に位置づけられ、人々の自主的な学びである社会教育活動が、国家が策定した「計画」の中に位置づけられているという文脈にも注視する必要があろう。

2　第二期教育振興基本計画における公民館の位置づけについて

二〇一三年四月二五日の中央教育審議会「第二期教育振興基本計画について（答申）」に基づいて同年六月一四日に閣議決定された「教育振興基本計画」は、前文、第一部　我が国における今後の教育の全体像、第二部　今後五年間に実施すべき教育上の方策、第三部　施策の総合的かつ計画的な推進のために必要な事項、から構成され、特に第一部のⅢで「四つの基本的方向性」として「（1）社会を生き抜く力の養成─多様で変化の激しい社会での個人の自立と協働─、（2）未来への飛躍を実現する人材の養成─変化や新たな価値を主導・創造し、社会の各分野を牽引していく人材─、（3）学びのセーフティネットの構築─誰もがアクセスできる多様な学習機会を─、（4）絆づくりと活力あるコミュニティの形成─社会が人を育み，人が社会をつくる好循環─」を挙げ、第二部でこの方向性に基づく八つの成果目標と三〇の基本施策を出している。

ここで公民館についてどのように言及しているかをみてみよう。たとえば、（4）にかかわって「社会が人を育み、人が社会をつくる好循環システム」において、「〇すなわち、世代や立場などが異なる様々な人が集まる地域コミュニティが教育の基盤であることはもとより、教育の営み自体が地域コミュニティを形成・活性化し、各地域の抱える課題を適切な形で解決する基盤となること、その拠点として学校や公民館等がより重要な役割を果たしていくべきことを踏まえ、例えば、以下の点を重視することとする。学校や公民館等を地域コミュニティの拠点として位置付け、保護者や地域住民などの多様な人々が集い、学習することなどを通じ多様な主体によるネットワークを構築し、絆をつくり上げていくこと。また、このような観点から、社会教育行政の再構築を図ること」、さらに「基本施策二〇　絆づくりと活力あるコミュニティの形成に向けた学習環境・協働体制の整備推進」の「基本的考え方」において「○活力あるコミュニティが人々の学習を支え、生き抜く力をともに培い、人々の学習がコミュニティを形成・活性化させるという好循環の確立に向けて、地域の教育資源を結びつけ、学校や公民館等を拠点とした多様な人々のネットワーク・協働体制を確立する必要がある」。「基本施策20―3」では「学びの場を拠点にした地域コミュニティ形成の推進・公民館等の社会教育施設を拠点に、関係部局や関係機関が連携・協働しつつ、地域の課題解決に向けた講座等の学習や地域活動の支援等を地域コミュニティの形成につなげていく取組を推進する」と指摘されている。

このように閣議決定され、国会に報告された「教育振興基本計画」を「参酌」して地方自治体の「教育大綱」が首長によって策定される、という構図になるわけである。

では、計画行政を不可避とする今日の自治体行政において、主権者としての住民が「計画」から疎外されず、まさに学びの主人公として自らを位置づけていく地域社会教育振興計画づくりは可能なのであろうか。

このような問題意識にたつとき、支配層による「教育計画」から民衆が疎外され続けてきた戦前の天皇制教学体制から、戦後の憲法・教育基本法制のもとで、国民あるいは地域住民が、はじめて教育計画の主体として立ちあらわれる可能性を得たことは確認しておく必要があろう。実際、五〇年代の地域教育計画論、六〇年代の長期総合教育計画論、そして七〇年代の地域教育計画論の復権の動き、八〇年代後半から九〇年代にかけての生涯学習計画づくりなど、さまざまなベクトルをもって地域教育計画づくりの可能性が追求され続けてきた。しかし、同時に計画づくりに問題や課題が指摘されてきたのも事実である。たとえば、一九九〇年の「生涯学習の振興のための施策の推進体制等の整備に関する法律」（以下生涯学習振興整備法と略称）は象徴的であって、同法第五条の地域生涯学習振興基本構想は、「文部大臣及び通産大臣の承認を申請することができる」とされ、構想策定プロセスにおける住民参加システムは法定されていない。生涯学習振興整備法を前後して自治体生涯学習計画づくりが「隆盛」を迎えるが、上からの「生涯学習計画づくり」は、人々の生涯管理につながる危険性を内包しつつ、しかし、一方では、東京都旧保谷市・東大和市、神奈川県川崎市、長野県松本市などいくつかの自治体においては、住民参加の先駆的な生涯学習計画づくりがすすめられたのである。(3)

3　社会教育法制における住民参加システムと地域社会教育計画づくり

戦後の社会教育法制は、戦前の国家主義的軍国主義的教育を排除して、憲法・教育基本法（一九四七年）に基づき、社会教育における自由と自治を理念として生まれた。

表11－1　社会教育委員会議・公民館運営審議会会数

	数（設置率）	備　考
社会教育委員の会議数	1,749（96.9％） 2,226（96.2％）	全国の教育委員会1,805中 全国の教育委員会2,314中
公民館運営審議会数	7,932（当該館に設置4,053館、連絡等にあたる公民館に設置3,879館）（54.0パーセント） 9,622（当該館に設置4,773館、連絡等にあたる公民館に設置4,849館）（56.1パーセント）	全国の公民館数 14,681館 全国の公民館数 17,143館

平成23（2011）年度文部科学省社会教育調査より。下段は平成17（2005）年度

社会教育法（一九四九年）、図書館法（一九五〇年）、博物館法（一九五一年）、青年学級振興法（一九五三年）、スポーツ振興法（一九六四年）と、それぞれ課題を抱えつつも法的に整備されていくが、学校教育とはちがって、社会教育に固有な住民参加システムがそれぞれの法に規定されていくのが特徴である。具体的には、教育委員会への助言機関としての社会教育委員制度（社会教育法第一七条）が設けられ、公民館における公民館運営審議会（社会教育法第二九条）、図書館における図書館協議会（図書館法第一四条）、博物館における博物館協議会（博物館法第二〇条）が規定され、一九五六年の地方教育行政法以降は、スポーツ振興審議会等（スポーツ振興法第一八条）が法に規定されている。(4)

これら、住民参加の審議会・協議会については、後述するように法改正が繰り返されてきているが、一九九〇年には、生涯学習振興整備法が成立して、同法に基づき、地方公共団体に生涯学習審議会が設置され、国の場合は、同法によって設置された生涯学習審議会が二〇〇一年の中央省庁改革法によって中央教育審議会生涯学習分科会に再編されるまで存在した。その他にも、自治体

独自に社会教育・生涯学習関連の審議会を設置しているところもある。ちなみに現在のわが国の審議会数をみると、表11－1の通りである。

次に、社会教育委員会議と公民館運営審議会に限定して計画策定に関わる可能性について言及してみたい。

4　地域社会教育計画づくりの要としての社会教育委員制度

1　教育委員会への助言権と社会教育計画立案権を持つ社会教育委員制度の「改正」経緯

自治体教育振興基本計画を構成する社会教育振興計画を策定する要の機関は、社会教育法で地域社会教育計画立案権を付与されている社会教育委員である。

社会教育委員制度は、もともと「民間人で社会教育に優れた意見を有する人々の卓見良識を社会教育の施策の上に実現せしめようとするもの[5]」で、教育委員会にたいする助言機関（第一七条、同条二項では教育委員会に直接出席して意見を述べることもできると規定している）である。さらに、その職務の中心に社会教育計画立案権・研究調査権（第一七条）をすえている。

一九四九年の社会教育法に規定された社会教育委員制度は、その後、いくつかの改正を経て今日にいたっているが、一九五九年のいわゆる社会教育法「大改正」のときに、社会教育委員に青少年教育に関する助言指導権[6]が与えられ、一九九九年の地方分権一括法による社会教育法改正（施行は二〇〇

表11－2　社会教育法における社会教育委員関連条文の変遷

1949年立法時の社会教育委員関連条文	現行法（1959・1999・2001・2013年改正）
第三章　社会教育委員 （社会教育委員の構成） 第15条　都道府県及び市町村に社会教育委員を置くことができる。 2　社会教育委員は、左の各号に掲げる者のうちから、教育委員会が依嘱する。 一　当該都道府県又は市町村の区域内に設置された各学校の長 二　当該都道府県又は当該市町村の区域内に事務所を有する各社会教育関係団体において選挙その他の方法により推薦された当該団体の代表者 三　学識経験者 3　前項の規定する委員の委嘱は、同項各号に掲げる者につき教育長が作成して提出する候補者名簿により行うものとする。 4　教育委員会は、前項の規定により提出された候補者名簿が不適当であると認めるときは、教育長に対し、その再提出を命ずることができる。	第四章　社会教育委員 （社会教育委員の設置） 第15条　都道府県及び市町村に社会教育委員を置くことができる。 2　社会教育委員は、教育委員会が委嘱する。
（社会教育委員と公民館運営審議会委員との関係） 第16条　公民館を設置する市町村にあっては、社会教育委員は、第29条に規定する公民館運営審議会の委員をもって充てることができる。	（削除） 第16条　削除
（社会教育委員の職務） 第17条　社会教育委員は、社会教育に関し教育長を経て教育委員会に助言するため、左の職務を行う。 一　社会教育に関する諸計画を立案すること。 二　定時または臨時に会議を開き、教育委員会の諮問に応じ、これに対して意見を述べること。	（社会教育委員の職務） 第17条　社会教育委員は、社会教育に関し教育長を経て教育委員会に助言するため、左の職務を行う。 一　社会教育に関する諸計画を立案すること。 二　定時又は臨時に会議を開き、教育委員会の諮問に応じ、これに対して、意見を述べること。

三　前二号の職務を行うために必要な研究調査を行うこと。 2　社会教育委員は、教育委員会の会議に出席して社会教育に関し意見を述べることができる。	三　前二号の職務を行うために必要な研究調査を行うこと。 2　社会教育委員は、教育委員会の会議に出席して社会教育に関し意見を述べることができる。 3　市町村の社会教育委員は、当該市町村の教育委員会から委嘱を受けた青少年教育に関する特定の事項について、社会教育関係団体、社会教育指導者その他関係者に対し、助言と指導を与えることができる。
	(社会教育委員の委嘱の基準等)
第18条　社会教育委員の定数、任期その他必要な事項は、当該地方公共団体の条例で定める。	第18条　社会教育委員の定数、任期その他必要な事項は、当該地方公共団体の条例で定める。この場合において、社会教育委員の委嘱の基準については、文部科学省で定める基準を参酌するものとする。
第19条　(社会教育委員の実費弁償)(略)	第19条　削除

〇年)では、社会教育関係団体からの自主的委員選出システム(第一五条の二)や、教育長作成の候補者名簿に対する教育委員会の撤回再提出要求権などが削除され、委員構成の「簡素化」の名のもとに住民参加や教育委員会によるチェックシステムは大幅に後退させられた。なお、「簡素化」に反し、二〇〇一年改正によって、第一五条の二の「家庭教育の向上に資する活動を行う者」が加えられている。一九四九年立法時と現行法を比較すると表11-2のようになる。

2　二〇〇八年社会教育法改正による社会教育委員制度の規制緩和

実は、この社会教育委員制度は、一九四九年の立法時から任意設置であったが、一九五九年の社会教育法改正で、社会教育関係団体に対する補助金交付の際に社会教育委員の会議への意見聴取が

表11－3　2008年社会教育法改正（第13条の新旧対照表）

改正前	改正後
（審議会等への諮問） 第十三条　国又は地方公共団体が社会教育関係団体に対し補助金を交付しようとする場合には、あらかじめ、国にあつては文部科学大臣が審議会等（国家行政組織法（昭和二十三年法律第百二十号）第八条に規定する機関をいう。第五十一条第三項において同じ。）で政令で定めるものの、地方公共団体にあつては教育委員会が社会教育委員の会議の意見を聴いて行わなければならない。	（審議会等への諮問） 第十三条　国又は地方公共団体が社会教育関係団体に対し補助金を交付しようとする場合には、あらかじめ、国にあつては文部科学大臣が審議会等（国家行政組織法（昭和二十三年法律第百二十号）第八条に規定する機関をいう。第五十一条第三項において同じ。）で政令で定めるものの、地方公共団体にあつては教育委員会が社会教育委員の会議（社会教育委員が置かれていない場合には、条例で定めるところにより社会教育に係る補助金の交付に関する事項を調査審議する審議会その他の合議制の機関）の意見を聴いて行わなければならない。

義務づけられ、任意設置でありながら、ほぼ必置に近い形で自治体に設置されてきた。ところが、二〇〇八年社会教育法改正によって「社会教育委員が置かれていない場合には、条例で定めるところにより社会教育に係る補助金の交付に関する事項を調査審議する審議会その他の合議制の機関」が挿入され、他の「審議会その他の合議制の機関」でも意見聴取が可能であるとして「規制緩和」されたのである。

社会教育委員会議が任意設置であることを踏まえるならば、自治体行財政改革のもとでは社会教育委員の会議が廃止されていく可能性がある。それは同時に、社会教育における住民自治を担保し、地域社会教育計画立案権（社会教育法第一七条）を付与されている社会教育委員の会議の制度的後退につながり、自治体教育振興基本計画における社会教育計画策定における住民参加の法的根拠を

表11－4　社会教育法における公民館運営審議会に関する規定の変遷

1949年社会教育法制定時の公運審関連規定	1959年社会教育法「大改正」	1999年「地方分権一括法」成立に伴う社会教育法改正（2000年４月施行）	2001年「教育改革国民会議最終報告」を受けての法改正（2001年７月11日施行）以下は現行規定	2011年第二次地域主権一括法による社会教育法改正
第19条 地方公共団体は、社会教育委員に対し、報酬及び給料を支給しない。 ２　地方公共団体は、社会教育委員がその職務を行うために要する費用を弁償しなければならない。 ３　前項の費用については、教育委員会法第31条第３項の規定を準用する。	（第19条を削除）			
第28条 市町村の設置する公民館の館長、主事その他必要な職員は、教育長の推薦により、当該市町村の教育委員会が任命する。 ２　前項の規定による館長の任命に関しては、市町村の教育委員会は、あらかじめ、第29条に規定する公民館運営審議会の意見を聞かなければならない。	第28条 市町村の設置する公民館の館長、主事その他必要な職員は、教育長の推薦により、当該市町村の教育委員会が任命する。 ２　前項の規定による館長の任命に関しては、市町村の教育委員会は、あらかじめ、第29条に規定する公民館運営審議会の意見を聞かなければならない。	第28条 市町村の設置する公民館の館長、主事その他必要な職員は、教育長の推薦により、当該市町村の教育委員会が任命する。 （第28条２項を削除）	第28条 市町村の設置する公民館の館長、主事その他必要な職員は、教育長の推薦により、当該市町村の教育委員会が任命する。	

第29条（公民館運営審議会） 公民館に公民館運営審議会を置く。 2　公民館運営審議会は、館長の諮問に応じ、公民館における各種の事業の企画実施につき調査審議するものとする。	（第29条１項の改正） 公民館に公民館運営審議会を置く。但し、２以上の公民館を設置する市町村においては、条例の定めるところにより、当該２以上の公民館について１の公民館運営審議会を置くことができる。 2　公民館運営審議会は、館長の諮問に応じ、公民館における各種の事業の企画実施につき調査審議するものとする。	（第29条１項の改正） 公民館に公民館運営審議会を置くことができる。 2　公民館運営審議会は、館長の諮問に応じ、公民館における各種の事業の企画実施につき調査審議するものとする。	第29条 公民館に公民館運営審議会を置くことができる。 2　公民館運営審議会は、館長の諮問に応じ、公民館における各種の事業の企画実施につき調査審議するものとする。	
第30条 市町村の設置する公民館にあつては、公民館運営審議会の委員は、左の各号に掲げる者のうちから、市町村の教育委員会が委嘱する。 一　当該市町村の区域内に設置された各学校の長 二　当該市町村の区域内に事務所を有する教育、学術、文化、産業、労働、社会事業等に関する団体又は	第30条 市町村の設置する公民館にあつては、公民館運営審議会の委員は、左の各号に掲げる者のうちから、市町村の教育委員会が委嘱する。 一　当該市町村の区域内に設置された各学校の長 二　当該市町村の区域内に事務所を有する教育、学術、文化、産業、労働、社会事業等に関する団体又は	（第30条の１項を改正し、２項３項を全面削除） 第30条 市町村の設置する公民館にあつては、公民館運営審議会の委員は学校教育及び社会教育の関係者並びに学識経験のある者の中から、市町村の教育委員会が委嘱する。 2　前項の公民館運営審議会の委員の定数、任期その他必要な事項は、市町村の条例で定	（第30条１項を改正） 第30条 市町村の設置する公民館にあつては、公民館運営審議会の委員は学校教育及び社会教育の関係者、家庭教育の向上に資する活動を行う者並びに学識経験のある者の中から、市町村の教育委員会が委嘱する。 2　前項の公民館運営審議会の委員の定数、任期その他必要な事項は、市町村の条例で定	第30条 市町村の設置する公民館にあつては、公民館運営審議会の委員は、当該市町村の教育委員会が委嘱する。 2　前項の公民館運営審議会の委員の委嘱の基準、定数及び任期その他当該公民館運営審

機関で、第20条の目的達成に協力するものを代表する者 三　学識経験者 2　前項第2号に掲げる委員の委嘱は、それぞれの団体又は機関において選挙その他の方法により推薦された者について行うものとする。 3　第1項第3号に掲げる委員には、市町村の長若しくはその補助機関たる職員又は市町村議会の議員を委嘱することができる。 4　第1項の公民館運営審議会の委員の定数、任期その他必要な事項は、市町村の条例で定める。 5　前項の条例については、第18条第2項の規定を準用する。	機関で、第20条の目的達成に協力するものを代表する者 三　学識経験者 2　前項第2号に掲げる委員の委嘱は、それぞれの団体又は機関において選挙その他の方法により推薦された者について行うものとする。 3　第1項第3号に掲げる委員には、市町村の長若しくはその補助機関たる職員又は市町村議会の議員を委嘱することができる。 4　第1項の公民館運営審議会の委員の定数、任期その他必要な事項は、市町村の条例で定める。 （注）　5項は、1956年の地方教育行政法成立により削除。	める。	める。	議会に関し必要な事項は、当該市町村の条例で定める。この場合において、委員の委嘱の基準については、文部科学省令で定める基準を参酌するものとする。
第32条 第19条の規定は、市町村の設置する公民館の公民館運営審議会の委員に準用する。	第32条を削除。			

も危うくするものであるといえよう。[7] なお、二〇一三年社会教育法改正によって第一五条の見出しが（社会教育委員の構成）から（社会教育委員の設置）へ、第一八条の見出しが（社会教育委員の定数等）から（社会教育委員の委嘱の基準等）へと変更され、第一八条には「この場合において、社会教育委員の委嘱の基準については、文部科学省令で定める基準を参酌するものとする」とされた。国の規制緩和策と「基準」の「参酌」は、明らかに矛盾している。

3　地域社会教育計画づくりと公民館運営審議会

地域社会教育振興基本計画づくりのプロセスにおいて、社会教育委員制度と共に重要なのが公民館運営審議会・図書館協議会・博物館協議会等の活用である。ここでは、特に公民館運営審議会の役割について言及してみよう。

社会教育法は、公民館運営に住民が実質的に参加できるように公民館運営審議会（以下公運審と略す）を設置している。一九四九年の立法時から先述の地方分権一括法による社会教育法改正までは必置制であったが、現在は任意設置に後退させられてきている。

また、二〇〇〇年改正前は、社会教育委員と同様に、二号委員として地域の様々な団体が自主的に委員を選出できるシステムを持ち（第三〇条二）、「……館長の任命に関しては、あらかじめ、第二九条に規定する公民館運営審議会の意見を聞かなければならない」（第二八条の二）として公民館長人事における公運審の先議権も規定していた。[8]

公民館運営審議会は、「公民館の諮問機関であって公民館で行う各種事業の企画実施一般について審議し立案し且つ献策する。具体的に挙げれば（一）公民館の事業計画やその具体的方法について協議決定すること……」（寺中作雄前掲書）とされ、地域社会教育振興基本計画の重要な部分を担う地域公民館計画策定の主体に位置づく機関である。それだけに、公民館運営審議会の委員選出についても、地域・自治体にふさわしい選出方法が求められているといえよう。なお、二〇一一年に第二次地域主権一括法によって、社会教育委員と同様、「委嘱の基準、定数及び任期その他当該公民館運営審議会に関し必要な事項」がすべて条例にゆだねられたにもかかわらず、「委嘱の基準」については「文部科学省令で定める基準を参酌するもの」とされ、国の「規制緩和」策と「統制」策は必ずしも整合的に進められず、結局は公民館運営に住民意志を反映させるという法の精神が翻弄されていると言わざるを得ない。

5　住民参加の自治体社会教育計画づくりの展望

1　地域・自治体における社会教育計画づくりの歴史的蓄積をふまえる

すでに指摘してきたように、社会教育に関連する審議会・協議会等に対する教育委員会や公民館長、図書館長、博物館長、あるいは自治体首長による諮問とそれに対する答申の数は、全国的に集計するならばおそらく膨大な数になろう。その他にも、諮問を受けずに審議会が主体的に出した建議や意見具申、あるいは要望書の類、あるいは、計画とは名づけられていなくても、明らかに地域・自治体の社会教育計画策定に連なる、いわば未発の契機がおそらく幾重にも存在している。こうした先人の果たした努力を総括することなしに地域社会教育計画はありえない。

2　地域・自治体社会教育計画づくりにおける住民参加の多様な形態を追求する

自治体教育行政レベルにおいては、社会教育委員会議・公民館運営審議会・図書館協議会・博物館協議会などの社会教育関連審議会をはじめ、一般行政から独立した行政委員会としての教育委員会制度や、当該自治体の議会に設置されている教育関連委員会、首長と教育委員会から構成される総合教育会議、議会に対する住民の陳情権・請願権の活用など、さまざまな住民意思反映のルートないしチャンネルを活用することが重要である。

その際、自治体労働組合、とりわけ社会教育関係職場に働く自治体職員集団の社会教育計画づくりに関わる政策的提言の果たす役割が極めて大きいことを指摘しておきたい。

3　「公民館を考える会」など住民主体の多様な社会教育グループが果たす役割と可能性に注目する

こうした法的制度的なレベルにとどまらず、住民が主体となった社会教育グループによる地域・自治体からの政策的提言が大きな役割を果たす可能性をもっている。千葉市公民館を考える会『第七回公民館フォーラム報告　市民が考える公民館』（二〇一六年三月一八日）、東京都狛江市の「市民センターを考える市民の会」による『狛江市民センター（中央公民館・中央図書館）増改築に関する市民提案書』（二〇一六年三月三一日）などは住民主体の地域社会教育計画づくりに向けた諸努力のプロセスといってよい。

4　「研究調査」（地域社会教育調査）を軸にした住民の学びを通して、自治体社会教育計画づくりを展望する

社会教育法第一七条三号は「前二号の職務を行うために必要な研究調査を行うこと」を定めている。住民参加の社会教育計画づくりは、当該自治体における具体的な実施計画まで展望することを考えると極めて困難な仕事であるが、それにもかかわらずいくつかの自治体では貴重な経験が生まれている。たとえば、神奈川県藤沢市における藤沢市公民館あり方検討委員会提言「地域とともに歩む公民館をめざして」（二〇一五年一一月二四日）、神奈川県川崎市の川崎市社会教育委員会議「地域をつなぐ拠点としての社会教育施設を求めて―市民館、図書館のあり方を中心に」（二〇一六年三月）、福岡県福岡市の福岡市社会教育委員会議「福岡市公民館訪問調査報告書」（二〇一六年一月）・「今日の福岡市における社会教育のあり方について―地域を育む社会教育を目指して」（二〇一六年六月）など、貴重な提言が生まれている。いずれも委員である住民の極めて高い当事者意識のもとで、研究・調査・学習が行われていることが特徴である。社会教育委員会議についていえば、教育委員会の助言機関として法に規定されている以上、当該教育委員会は、社会教育委員会議の答申・建議・提言等を尊重する法

的責務を有している。こうして文書がまとまってからが実は「住民主体」の実効性が問われるのであって、社会教育計画の主体としての住民のエンパワーメントを可能にするカギは、ここでも住民の主体的な「学び」にこそあると言わねばならない。

注

（1）「参酌」とは、「いろいろの事情、条件等を考慮に入れて参照し、判断することをいう」（『法令用語辞典』学陽書房、一九九〇年）、あるいは「てらしあわせて善をとり悪をすてること。比べて参考にすること」（『広辞苑』第五版）とされるが、いずれにせよ、「参酌」することによって、自治体の教育振興基本計画が国の教育振興基本計画からまったく自由に策定することができなくなった点が最大の問題点である。

なお、筆者が散見するかぎり、「参酌」という言葉は、一九一八（大正七）年五月三日付けの内務省文部省訓令「青年団体ノ健全発達ニ資スヘキ要項」の中に、「今、青年団体ノ現状に顧ミ之カ健全ナル発達ニ資スヘキ当今ノ要項ヲ左ニ條挙シ以テ地方ノ実況ニ照シ参酌其ノ宜シキヲ制シメンコトヲ期ス」という文言に見られる。

（2）教育科学研究会編『教育基本法の改正を許さない　格差と競争の教育に抗し、教育の自由を広げよう』国土社、二〇〇六年一〇月、浪本勝年・三上昭彦編著『「改正」教育基本法を考える―逐条解説』北樹出版、などを参照のこと。

（3）戦後社会教育計画・生涯学習計画にかかわっては、城戸幡太郎『日本の教育計画』（一九七〇年七月、国土社）、藤岡貞彦『教育の計画化　教育計画論研究序説』（一九七七年三月、総合労働研究所）、松田武雄「社会教育・生涯学習計画の創造」（末本誠・松田武雄編著『生涯学習と地域社会教育』（二〇〇六年、春風社）、月刊社会教育編集部『市民が創る生涯学習計画』国土社）、鈴木敏正『現代教育計画論への道程』（二〇〇八年、大月書店）などを参照されたい。

（4）スポーツ基本計画については二〇一一年に制定されたスポーツ基本法における関係条文を参照されたい。

（5）文部省社会教育課長寺中作雄『社会教育法解説』社会教育図書株式会社、一九五九年、八五頁。

（6）一九五九年社会教育法改正は、社会教育関係団体への補助金支出や大学以外での社会教育主事養成に道を開くなど、社会教育に対する行政指導が強化された。社会教育委員制度は、教育委員会のような合議制の機関ではなく、独任制であって、個々の委員に青少年教育に関する助言指導権を与える改正については批判的な意見もあった。

（7）なお、一三条改正については、以下に見るように特区提案等において規制緩和の要望がなされていた。

（8）一九四九年の社会教育法立法時には、「教育委員会が任命するということはいわば形式的手続きであって実際はできるだけ公民館運営審議会の意見を尊重し、公民館運営審議会において選考し、その審議会において内定した館長（職員を含む）候補者について教育委員会から辞令を発するのである。」（寺中作雄「前掲書」）とされていた。現在でも実質的に公民館長を公運審で選ぶところもある。しかし、それは非常勤館長の場合であって、専任館長の場合は一般行政の人事に組み込まれて公運審の意見を反映させることは極めて困難な状況にある。ちなみに筆者がかつて公民館運営審議会委員を務めた東京都国分寺市もとまち公民館では、かつて、公民館運営審議会に対して教育長名で「公民館長の異動についてこのことについて、もとまち公民館長の異動の内示がありましたので、審議会の意見を伺いたく、ご依頼申し上げます」という公文書が発せられていた。そして教育委員会にたいして、公運審の館長人事にたいする意見を文書で提出するということが行われていた。

要望の時期	要望主体	要望の内容
構造改革特別区域第４次提案（平成15年11月）	草加市	社会教育法第13条に基づく社会教育委員の会議の意見を聴く必要をなくす特区の提案
構造改革特別区域第９次提案（平成18年６月）	三鷹市	社会教育法第13条に基づく意見聴取の対処

一九四七年教育基本法（昭和二十二年三月三十一日法律第二十五号）

われらは、さきに、日本国憲法を確定し、民主的で文化的な国家を建設して、世界の平和と人類の福祉に貢献しようとする決意を示した。この理想の実現は、根本において教育の力にまつべきものである。

われらは、個人の尊厳を重んじ、真理と平和を希求する人間の育成を期するとともに、普遍的にしてしかも個性ゆたかな文化の創造をめざす教育を普及徹底しなければならない。

ここに、日本国憲法の精神に則り、教育の目的を明示して、新しい日本の教育の基本を確立するため、この法律を制定する。

第一条（教育の目的）　教育は、人格の完成をめざし、平和的な国家及び社会の形成者として、真理と正義を愛し、個人の価値をたつとび、勤労と責任を重んじ、自主的精神に充ちた心身ともに健康な国民の育成を期して行われなければならない。

第二条（教育の方針）　教育の目的は、あらゆる機会に、あらゆる場所において実現されなければならない。この目的を達成するためには、学問の自由を尊重し、実際生活に即し、自発的精神を養い、自他の敬愛と協力によつて、文化の創造と発展に貢献するように努めなければならない。

第三条（教育の機会均等）　すべて国民は、ひとしく、その能力に応ずる教育を受ける機会を与えられなければならないものであつて、人種、信条、性別、社会的身分、経済的地位又は門地によつて、教育上差別されない。

2　国及び地方公共団体は、能力があるにもかかわらず、経済的理由によつて修学困難な者に対して、奨学の方法を講じなければならない。

第四条（義務教育）　国民は、その保護する子女に、九年の普通教育を受けさせる義務を負う。

2　国又は地方公共団体の設置する学校における義務教育については、授業料は、これを徴収しない。

第五条（男女共学）　男女は、互に敬重し、協力し合わなければならないものであつて、教育上男女の共学は、認められなければならない。

第六条（学校教育）　法律に定める学校は、公の性質をもつものであつて、国又は地方公共団体の外、法律に定める法人のみが、これを設置することができる。

2　法律に定める学校の教員は、全体の奉仕者であつて、自己の使命を自覚し、その職責の遂行に努めなければならない。このためには、教員の身分は、尊重され、その待遇の適正が、期せられなければならない。

第七条（社会教育）　家庭教育及び勤労の場所その他社会において行われる教育は、国及び地方公共団体によつて奨励されなければならない。

2　国及び地方公共団体は、図書館、博物館、公民館等の施設の設置、学校の施設の利用その他適当な方法によつて教育の目的の実現に努めなければならない。

第八条（政治教育）　良識ある公民たるに必要な政治的教養は、教育上これを尊重しなければならない。

2　法律に定める学校は、特定の政党を支持し、又はこれに反対するための政治教育その他政治的活動をしてはならない。

第九条（宗教教育）　宗教に関する寛容の態度及び宗教の社会生活における地位は、教育上これを尊重しなければならない。

2　国及び地方公共団体が設置する学校は、特定の宗教のための宗教教育その他宗教的活動をしてはならない。

第十条（教育行政）　教育は、不当な支配に服することなく、国民全体に対し直接に責任を負つて行われるべきものである。

2　教育行政は、この自覚のもとに、教育の目的を遂行するに必要な諸条件の整備確立を目標として行われなければならない。

第十一条（補則）　この法律に掲げる諸条項を実施するために必要がある場合には、適当な法令が制定されなければならない。

附　則

この法律は、公布の日から、これを施行する。

二〇〇六年教育基本法（平成十八年十二月二十二日法律第百二十号）

教育基本法（昭和二十二年法律第二十五号）の全部を改正する。我々日本国民は、たゆまぬ努力によって築いてきた民主的で文化的な国家を更に発展させるとともに、世界の平和と人類の福祉の向上に貢献することを願うものである。我々は、この理想を実現するため、個人の尊厳を重んじ、真理と正義を希求し、公共の精神を尊び、豊かな人間性と創造性を備えた人間の育成を期するとともに、伝統を継承し、新しい文化の創造を目指す教育を推進する。ここに、我々は、日本国憲法の精神にのっとり、我が国の未来を切り拓く教育の基本を確立し、その振興を図るため、この法律を制定する。

第一章　教育の目的及び理念

（教育の目的）

第一条　教育は、人格の完成を目指し、平和で民主的な国家及び社会の形成者として必要な資質を備えた心身ともに健康な国民の育成を期して行われなければならない。

（教育の目標）

第二条　教育は、その目的を実現するため、学問の自由を尊重しつつ、次に掲げる目標を達成するよう行われるものとする。

一　幅広い知識と教養を身に付け、真理を求める態度を養い、豊かな情操と道徳心を培うとともに、健やかな身体を養うこと。

二　個人の価値を尊重して、その能力を伸ばし、創造性を培い、自主及び自律の精神を養うとともに、職業及び生活との関連を重視し、勤労を重んずる態度を養うこと。

三　正義と責任、男女の平等、自他の敬愛と協力を重んずるとともに、公共の精神に基づき、主体的に社会の形成に参画し、その発展に寄与する態度を養うこと。

四　生命を尊び、自然を大切にし、環境の保全に寄与する態度を養うこと。

五　伝統と文化を尊重し、それらをはぐくんできた我が国と郷土を愛するとともに、他国を尊重し、国際社会の平和と発展に寄与する態度を養うこと。

（生涯学習の理念）

第三条　国民一人一人が、自己の人格を磨き、豊かな人生を送ることができるよう、その生涯にわたって、あらゆる機会に、あらゆる場所において学習することができ、その成果を適切に生かすことのできる社会の実現が図られなければならない。

（教育の機会均等）

第四条　すべて国民は、ひとしく、その能力に応じた教育を受ける機会を与えられなければならず、人種、信条、性別、社会的身分、経済的地位又は門地によって、教育上差別されない。

2　国及び地方公共団体は、障害のある者が、その障害の状態に応じ、十分な教育を受けられるよう、教育上必要な支援を講じなければならない。

3　国及び地方公共団体は、能力があるにもかかわらず、経済的理由によって修学が困難な者に対して、奨学の措置を講じなければならない。

第二章　教育の実施に関する基本

（義務教育）

第五条　国民は、その保護する子に、別に法律で定めるところにより、普通教育を受けさせる義務を負う。
2　義務教育として行われる普通教育は、各個人の有する能力を伸ばしつつ社会において自立的に生きる基礎を培い、また、国家及び社会の形成者として必要とされる基本的な資質を養うことを目的として行われるものとする。
3　国及び地方公共団体は、義務教育の機会を保障し、その水準を確保するため、適切な役割分担及び相互の協力の下、その実施に責任を負う。
4　国又は地方公共団体の設置する学校における義務教育については、授業料を徴収しない。

（学校教育）

第六条　法律に定める学校は、公の性質を有するものであって、国、地方公共団体及び法律に定める法人のみが、これを設置することができる。
2　前項の学校においては、教育の目標が達成されるよう、教育を受ける者の心身の発達に応じて、体系的な教育が組織的に行われなければならない。この場合において、教育を受ける者が、学校生活を営む上で必要な規律を重んずるとともに、自ら進んで学習に取り組む意欲を高めることを重視して行われなければならない。

（大学）

第七条　大学は、学術の中心として、高い教養と専門的能力を培うとともに、深く真理を探究して新たな知見を創造し、これらの成果を広く社会に提供することにより、社会の発展に寄与するものとする。
2　大学については、自主性、自律性その他の大学における教育及び研究の特性が尊重されなければならない。

（私立学校）
第八条　私立学校の有する公の性質及び学校教育において果たす重要な役割にかんがみ、国及び地方公共団体は、その自主性を尊重しつつ、助成その他の適当な方法によって私立学校教育の振興に努めなければならない。

（教員）
第九条　法律に定める学校の教員は、自己の崇高な使命を深く自覚し、絶えず研究と修養に励み、その職責の遂行に努めなければならない。
2　前項の教員については、その使命と職責の重要性にかんがみ、その身分は尊重され、待遇の適正が期せられるとともに、養成と研修の充実が図られなければならない。

（家庭教育）
第十条　父母その他の保護者は、子の教育について第一義的責任を有するものであって、生活のために必要な習慣を身に付けさせるとともに、自立心を育成し、心身の調和のとれた発達を図るよう努めるものとする。
2　国及び地方公共団体は、家庭教育の自主性を尊重しつつ、保護者に対する学習の機会及び情報の提供その他の家庭教育を支援するために必要な施策を講ずるよう努めなければならない。

（幼児期の教育）
第十一条　幼児期の教育は、生涯にわたる人格形成の基礎を培う重要なものであることにかんがみ、国及び地方公共団体は、幼児の健やかな成長に資する良好な環境の整備その他適当な方法によって、その振興に努めなければならない。

（社会教育）

第十二条　個人の要望や社会の要請にこたえ、社会において行われる教育は、国及び地方公共団体によって奨励されなければならない。
2　国及び地方公共団体は、図書館、博物館、公民館その他の社会教育施設の設置、学校の施設の利用、学習の機会及び情報の提供その他の適当な方法によって社会教育の振興に努めなければならない。
（学校、家庭及び地域住民等の相互の連携協力）
第十三条　学校、家庭及び地域住民その他の関係者は、教育におけるそれぞれの役割と責任を自覚するとともに、相互の連携及び協力に努めるものとする。
（政治教育）
第十四条　良識ある公民として必要な政治的教養は、教育上尊重されなければならない。
2　法律に定める学校は、特定の政党を支持し、又はこれに反対するための政治教育その他政治的活動をしてはならない。
（宗教教育）
第十五条　宗教に関する寛容の態度、宗教に関する一般的な教養及び宗教の社会生活における地位は、教育上尊重されなければならない。
2　国及び地方公共団体が設置する学校は、特定の宗教のための宗教教育その他宗教的活動をしてはならない。

第三章　教育行政

（教育行政）
第十六条　教育は、不当な支配に服することなく、この法律及び他の法律の定めるところにより行われるべきものであり、教育行政は、国と地方公共団体との適切な役割分担及び相互の協力の下、公正かつ適正に行われなければならない。

2　国は、全国的な教育の機会均等と教育水準の維持向上を図るため、教育に関する施策を総合的に策定し、実施しなければならない。

3　地方公共団体は、その地域における教育の振興を図るため、その実情に応じた教育に関する施策を策定し、実施しなければならない。

4　国及び地方公共団体は、教育が円滑かつ継続的に実施されるよう、必要な財政上の措置を講じなければならない。

（教育振興基本計画）

第十七条　政府は、教育の振興に関する施策の総合的かつ計画的な推進を図るため、教育の振興に関する施策についての基本的な方針及び講ずべき施策その他必要な事項について、基本的な計画を定め、これを国会に報告するとともに、公表しなければならない。

2　地方公共団体は、前項の計画を参酌し、その地域の実情に応じ、当該地方公共団体における教育の振興のための施策に関する基本的な計画を定めるよう努めなければならない。

第四章　法令の制定

第十八条　この法律に規定する諸条項を実施するため、必要な法令が制定されなければならない。

附　則　抄

（施行期日）

1　この法律は、公布の日から施行する。

社会教育法（昭和二十四年六月十日法律第二百七号）（抄）

最終改正／平成二八年五月二〇日法律第四七号

第五章　公民館

（目的）

第二十条　公民館は、市町村その他一定区域内の住民のために、実際生活に即する教育、学術及び文化に関する各種の事業を行い、もつて住民の教養の向上、健康の増進、情操の純化を図り、生活文化の振興、社会福祉の増進に寄与することを目的とする。

（公民館の設置者）

第二十一条　公民館は、市町村が設置する。

2　前項の場合を除くほか、公民館は、公民館の設置を目的とする一般社団法人又は一般財団法人（以下この章において「法人」という。）でなければ設置することができない。

3　公民館の事業の運営上必要があるときは、公民館に分館を設けることができる。

（公民館の事業）

第二十二条　公民館は、第二十条の目的達成のために、おおむね、左の事業を行う。但し、この法律及び他の法令によつて禁じられたものは、この限りでない。

一　定期講座を開設すること。

二　討論会、講習会、講演会、実習会、展示会等を開催すること。

三　図書、記録、模型、資料等を備え、その利用を図ること。
四　体育、レクリエーション等に関する集会を開催すること。
五　各種の団体、機関等の連絡を図ること。
六　その施設を住民の集会その他の公共的利用に供すること。

（公民館の運営方針）
第二十三条　公民館は、次の行為を行つてはならない。
一　もつぱら営利を目的として事業を行い、特定の営利事務に公民館の名称を利用させその他営利事業を援助すること。
二　特定の政党の利害に関する事業を行い、又は公私の選挙に関し、特定の候補者を支持すること。
2　市町村の設置する公民館は、特定の宗教を支持し、又は特定の教派、宗派若しくは教団を支援してはならない。

（公民館の基準）
第二十三条の二　文部科学大臣は、公民館の健全な発達を図るために、公民館の設置及び運営上必要な基準を定めるものとする。
2　文部科学大臣及び都道府県の教育委員会は、市町村の設置する公民館が前項の基準に従つて設置され及び運営されるように、当該市町村に対し、指導、助言その他の援助に努めるものとする。

（公民館の設置）
第二十四条　市町村が公民館を設置しようとするときは、条例で、公民館の設置及び管理に関する事項を定めなければならない。

第二十五条及び第二十六条　削除

（公民館の職員）

第二十七条　公民館に館長を置き、主事その他必要な職員を置くことができる。

2　館長は、公民館の行う各種の事業の企画実施その他必要な事務を行い、所属職員を監督する。

3　主事は、館長の命を受け、公民館の事業の実施にあたる。

第二十八条　市町村の設置する公民館の館長、主事その他必要な職員は、当該市町村の教育委員会が任命する。

（公民館の職員の研修）

第二十八条の二　第九条の六の規定は、公民館の職員の研修について準用する。

（公民館運営審議会）

第二十九条　公民館に公民館運営審議会を置くことができる。

2　公民館運営審議会は、館長の諮問に応じ、公民館における各種の事業の企画実施につき調査審議するものとする。

第三十条　市町村の設置する公民館にあつては、公民館運営審議会の委員は、当該市町村の教育委員会が委嘱する。

2　前項の公民館運営審議会の委員の委嘱の基準、定数及び任期その他当該公民館運営審議会に関し必要な事項は、当該市町村の条例で定める。この場合において、委員の委嘱の基準については、文部科学省令で定める基準を参酌するものとする。

第三十一条　法人の設置する公民館に公民館運営審議会を置く場合にあつては、その委員は、当該法人の役員をもつて充てるものとする。

（運営の状況に関する評価等）

第三十二条　公民館は、当該公民館の運営の状況について評価を行うとともに、その結果に基づき公民館の運営の改善を図るため必要な措置を講ずるよう努めなければならない。

（運営の状況に関する情報の提供）

第三十二条の二　公民館は、当該公民館の事業に関する地域住民その他の関係者の理解を深めるとともに、これらの者との連携及び協力の推進に資するため、当該公民館の運営の状況に関する情報を積極的に提供するよう努めなければならない。

（基金）

第三十三条　公民館を設置する市町村にあつては、公民館の維持運営のために、地方自治法（昭和二十二年法律第六十七号）第二百四十一条の基金を設けることができる。

（特別会計）

第三十四条　公民館を設置する市町村にあつては、公民館の維持運営のために、特別会計を設けることができる。

（公民館の補助）

第三十五条　国は、公民館を設置する市町村に対し、予算の範囲内において、公民館の施設、設備に要する経費その他必要な経費の一部を補助することができる。

2　前項の補助金の交付に関し必要な事項は、政令で定める。

第三十六条　削除

第三十七条　都道府県が地方自治法第二百三十二条の二の規定により、公民館の運営に要する経費を補助する場合において、文部科学大臣は、政令の定めるところにより、その補助金の額、補助の比率、補助の方法その他必要な事項につき報告を求めることができる。

第三十八条　国庫の補助を受けた市町村は、左に掲げる場合においては、その受けた補助金を国庫に返還しなければならない。

一　公民館がこの法律若しくはこの法律に基く命令又はこれらに基いてした処分に違反したとき。

二　公民館がその事業の全部若しくは一部を廃止し、又は第二十条に掲げる目的以外の用途に利用されるようになつたとき。

三　補助金交付の条件に違反したとき。

四　虚偽の方法で補助金の交付を受けたとき。

（法人の設置する公民館の指導）

第三十九条　文部科学大臣及び都道府県の教育委員会は、法人の設置する公民館の運営その他に関し、その求めに応じて、必要な指導及び助言を与えることができる。

（公民館の事業又は行為の停止）

第四十条　公民館が第二十三条の規定に違反する行為を行つたときは、市町村の設置する公民館にあつては市町村の教育委員会、法人の設置する公民館にあつては都道府県の教育委員会は、その事業又は行為の停止を命ずることができる。

2　前項の規定による法人の設置する公民館の事業又は行為の停止命令に関し必要な事項は、都道府県の条例で定めることができる。

（罰則）

第四十一条　前条第一項の規定による公民館の事業又は行為の停止命令に違反する行為をした者は、一年以下の懲役若しくは禁錮又は三万円以下の罰金に処する。

（公民館類似施設）

第四十二条　公民館に類似する施設は、何人もこれを設置することができる。

2　前項の施設の運営その他に関しては、第三十九条の規定を準用する。

文部科学省告示第百十二号

社会教育法（昭和二十四年法律第二百七号）第二十三条の二第一項の規定に基づき、公民館の設置及び運営に関する基準（昭和三十四年文部省告示第九十八号）の全部を次のように改正する。平成十五年六月六日

文部科学大臣　遠山敦子

公民館の設置及び運営に関する基準

（趣旨）

第一条　この基準は、社会教育法（昭和二十四年法律第二百七号）第二十三条の二第一項の規定に基づく公民館の設置及び運営上必要な基準であり、公民館の健全な発達を図ることを目的とする。

2　公民館及びその設置者は、この基準に基づき、公民館の水準の維持及び向上に努めるものとする。

（対象区域）

第二条　公民館を設置する市（特別区を含む。以下同じ。）町村は、公民館活動の効果を高めるため、人口密度、地形、交通条件、日常生活圏、社会教育関係団体の活動状況等を勘案して、当該市町村の区域内において、公民館の事業の主たる対象となる区域（第六条第二項において「対象区域」という。）を定めるものとする。

（地域の学習拠点としての機能の発揮）

第三条　公民館は、講座の開設、講習会の開催等を自ら行うとともに、必要に応じて学校、社会教育施設、社会教育関係団体、ＮＰＯ（特定非営利活動促進法（平成十年法律第七号）第二条第二項に規定する特定非

営利活動法人をいう。）その他の民間団体、関係行政機関等と共同してこれらを行う等の方法により、多様な学習機会の提供に努めるものとする。

2　公民館は、地域住民の学習活動に資するよう、インターネットその他の高度情報通信ネットワークの活用等の方法により、学習情報の提供の充実に努めるものとする。

（地域の家庭教育支援拠点としての機能の発揮）

第四条　公民館は、家庭教育に関する学習機会及び学習情報の提供、相談及び助言の実施、交流機会の提供等の方法により、家庭教育への支援の充実に努めるものとする。

（奉仕活動・体験活動の推進）

第五条　公民館は、ボランティアの養成のための研修会を開催する等の方法により、奉仕活動・体験活動に関する学習機会及び学習情報の提供の充実に努めるものとする。

（学校、家庭及び地域社会との連携等）

第六条　公民館は、事業を実施するに当たっては、関係機関及び関係団体との緊密な連絡、協力等の方法により、学校、家庭及び地域社会との連携の推進に努めるものとする。

2　公民館は、その対象区域内に公民館に類似する施設がある場合には、必要な協力及び支援に努めるものとする。

3　公民館は、その実施する事業への青少年、高齢者、障害者、乳幼児の保護者等の参加を促進するよう努めるものとする。

4　公民館は、その実施する事業において、地域住民等の学習の成果並びに知識及び技能を生かすことができるよう努めるものとする。

（地域の実情を踏まえた運営）

第七条　公民館の設置者は、社会教育法第二十九条第一項に規定する公民館運営審議会を置く等の方法により、地域の実情に応じ、地域住民の意向を適切に反映した公民館の運営がなされるよう努めるものとする。

2　公民館は、開館日及び開館時間の設定に当たっては、地域の実情を勘案し、夜間開館の実施等の方法により、地域住民の利用の便宜を図るよう努めるものとする。

（職員）

第八条　公民館に館長を置き、公民館の規模及び活動状況に応じて主事その他必要な職員を置くよう努めるものとする。

2　公民館の館長及び主事には、社会教育に関する識見と経験を有し、かつ公民館の事業に関する専門的な知識及び技術を有する者をもって充てるよう努めるものとする。

3　公民館の設置者は、館長、主事その他職員の資質及び能力の向上を図るため、研修の機会の充実に努めるものとする。

（施設及び設備）

第九条　公民館は、その目的を達成するため、地域の実情に応じて、必要な施設及び設備を備えるものとする。

2　公民館は、青少年、高齢者、障害者、乳幼児の保護者等の利用の促進を図るため必要な施設及び設備を備えるよう努めるものとする。

（事業の自己評価等）

第十条　公民館は、事業の水準の向上を図り、当該公民館の目的を達成するため、各年度の事業の状況について、公民館運営審議会等の協力を得つつ、自ら点検及び評価を行い、その結果を地域住民に対して公表するよう努めるものとする。

附則

この告示は、公布の日から施行する。

初出一覧

第1章　「社会教育にとって教育委員会制度とは」『月刊社会教育』二〇〇八年二月号、国土社
第2章　「大人の学びの自由と権利を保障する教育委員会の自主性が根底から問われている――中央教育審議会答申と与党合意を読む」『月刊社会教育』二〇一四年五月号、国土社
第3章　「人権としての学びの自由と権利を保障し、地域に自治を創る公民館――岡山市公民館の首長部局移管問題で問われたもの」『人権21　調査と研究』二〇一一年六月号、特定非営利活動法人・おかやま人権研究センター
第4章　「社会教育施設における指定管理者制度の導入と問題点」『月刊社会教育』二〇一一年三月号、国土社
第5章　「社会教育施設再編の現段階――住民の学びの自由と権利を実質化する自治体社会教育行政の課題」自治体問題研究所『住民と自治』二〇一五年六月号、自治体研究社
第6章　「市町村合併と地域社会教育計画の課題」『月刊社会教育』二〇〇三年六月号、国土社
第7章　「社会教育の自由と自治をめぐる今日的課題」自治労連・地方自治問題研究機構『季刊　自治と分権』六三号、二〇一六年、大月書店
第8章　「地域に学びと自治を創る公民館報の可能性」『月刊社会教育』二〇一〇年六月号、国土社
第9章　「地域の学び・文化・自治の公共空間としての公民館をめぐる課題」日本社会教育学会六〇周年記念出版部会編『希望への社会教育　3・11後社会のために』二〇一三年、東洋館出版社

第10章　「社会教育職員と専門職問題」小林文人・伊藤長和・李正連編著『日本の社会教育・生涯学習』二〇一三年、大学教育出版
第11章　書き下ろし。

[著者紹介]

長澤成次（ながさわ・せいじ）

1951年東京都北区に生まれる。1972年東京都立工業高等専門学校卒業後、千葉大学教育学部・名古屋大学大学院教育学研究科博士課程を経て千葉大学教育学部教授（2000年4月～2017年3月）。この間、社会教育推進全国協議会委員長、「月刊社会教育」編集長、千葉大学理事などを歴任。現在、千葉大学名誉教授、放送大学千葉学習センター所長、日本社会教育学会会長、うらやす市民大学学長、市川市社会教育委員、千葉市生涯学習審議会委員。

著書に『現代生涯学習と社会教育の自由』（学文社、2006年）、編著に『公民館で学ぶV　いま、伝えたい地域が変わる学びの力』（国土社、2018年）、『公民館で学ぶⅣ　人をつなぎ、暮らしをつむぐ』（国土社、2013年）、『公民館で学ぶⅢ　私たちの暮らしと地域を創る』（国土社、2008年）、『公民館で学ぶⅡ　自治と協同のまちづくり』（国土社、2003年）、『公民館で学ぶ　自分づくりとまちづくり』（国土社、1998年）、分担執筆に、「多文化共生のまちづくりと外国人住民の学習権保障をめぐる課題」（房総日本語ボランティアネットワーク編『千葉における多文化共生のまちづくり―広がるネットワークと子どもたちへの支援』2012年、エイデル研究所）、「生涯学習政策の矛盾と社会教育運動の展開」「90年代後半から2010年代における社全協運動」（千野陽一監修、社会教育推進全国協議会編『現代日本の社会教育　社会教育運動の展開　増補版』エイデル研究所、2015年）、「教育基本法第12条（社会教育）」「社会教育法概説」「社会教育法第5章公民館」「社会教育法第7章通信教育」（荒牧重人・小川正人・窪田眞二・西原博史編『別冊法学セミナー　新基本法コンメンタール　教育関係法』237号、日本評論社、2015年）、「社会教育・生涯学習の政策と行財政・制度」（社会教育推進全国協議会編『社会教育・生涯学習ハンドブック　第9版』エイデル研究所、2017年）などがある。

公民館はだれのもの
――住民の学びを通して自治を築く公共空間

2016年8月31日　初版第1刷発行
2019年5月31日　初版第2刷発行

著　者　長澤成次

発行者　長平　弘

発行所　㈱自治体研究社
〒162-8512 新宿区矢来町123　矢来ビル4F
TEL：03･3235･5941／FAX：03･3235･5933
http://www.jichiken.jp/
E-Mail：info@jichiken.jp

ISBN978-4-88037-656-1 C0036

印刷・製本／株式会社平河工業社
DTP／赤塚　修